AF826687

Basketball

Allgemeiner Hinweis:

Aus Gründen der besseren Lesbarkeit haben wir uns entschlossen, durchgängig die männliche (neutrale) Anredeform zu nutzen, die selbstverständlich die weibliche mit einschließt.

SEBASTIAN FINIS

SPIELER
FAKTEN
REGELN

BASKETBALL

★ ★ ALLES, WAS MAN WISSEN MUSS ★ ★

MEYER & MEYER VERLAG

Für Henri

Basketball – Alles, was man wissen muss
Bibliografische Information der Deutschen Bibliothek
Die Deutsche Bibliothek verzeichnet diese Publikation in der Deutschen Nationalbibliografie; detaillierte bibliografische Details sind im Internet über <www.dnb.de> abrufbar.

Auckland, Beirut, Dubai, Hägendorf, Hongkong, Indianapolis, Kairo, Kapstadt, Manila, Maidenhead, Neu-Delhi, Singapur, Sydney, Teheran, Wien

Gesamtherstellung (Druck): Bookwire, Frankfurt, www.bookwire.de

FSC www.fsc.org MIX Papier | Fördert gute Waldnutzung FSC® C083411

Member of the World Sport Publishers' Association (WSPA)
ISBN 978-3-8403-7696-2

Hersteller im Sinne der GPSR:
Meyer & Meyer Fachverlag & Buchhandel GmbH
Von-Coels-Straße 390, 52080 Aachen
www.dersportverlag.de
E-Mail: kontakt@m-m-sports.com

INHALT

★ 1 ★

EINLEITUNG

DER BEGINN EINER GROSSEN LIEBE UND LEIDENSCHAFT

Du hast dich in Basketball verliebt, nicht wahr? Oder du bist dabei, dich zu verlieben. Sonst würdest du dieses Buch nicht in den Händen halten. Gut so, denn die Liebe wird immer bleiben. Vertrau mir! Was glaubst du, warum ein Basketballprofi Basketball spielt? Nicht des Geldes wegen, nicht wegen Ruhm und Anerkennung, sondern weil er das Spiel aus vollem Herzen liebt und mit Emotion dabei ist. Frage einen x-beliebigen Spieler und du wirst immer die gleiche Antwort bekommen: „For the love of the game – für die Liebe zum Spiel!" Das Glück des Tüchtigen hat ihn dazu geführt, sein Hobby, seine Leidenschaft, zum Beruf zu machen.

Ich möchte dir von meiner Leidenschaft erzählen. Sie begann Anfang der 1990er-Jahre an der Grundschule in einer Basketball-AG bei Herrn Hoffmann. 30 Jahre später schreibe ich Bücher über meinen Lieblingssport. Der Weg führte mich vom aktiven Spieler hin zum Fan und Journalisten. Als Aktiver zockte ich auf betonharten Berliner Freiplätzen und auf Streetballturnieren, genoss später im Verein das Knarren von Holzparkettböden alter Schulturnhallen in Berlin und Köln und kam zwischendurch in den Genuss moderner Highschool-Gyms in den USA. „Love for the game" war von Anfang an da und begleitet mich bis heute. Während

Freundinnen kamen und gingen, blieb die Liebe zum Basketball ein ständiger Wegbegleiter, statt „nur" ein Lebensabschnittsgefährte.

In den1990er-Jahren gab es noch kein Internet – heute unvorstellbar! Und trotzdem erfasste mich die Euphoriewelle der stärksten Liga der Welt – der nordamerikanischen Basketball-Profiliga NBA. Meine Informationsquellen über das Geschehen der NBA waren zunächst monatliche Zeitschriften wie *BASKET* und zwischen 1993 bis 1995 das NBA-Magazin *jump run* auf *Sat.1* mit Lou Richter – jeden Samstagvormittag ein felsenfester Termin, dessen Folgen ich ausnahmslos auf Videokassetten aufnahm. Shawn Kemp, Reggie Miller und Michael Jordan waren meine Helden. Im Juni 1993 sah ich nach der Schule meine ersten Finals zwischen den Chicago Bulls und Phoenix Suns, die nachmittags in der Wiederholung auf *Vox* liefen. Michael Jordan duellierte sich mit Charles Barkley.

Mein Zimmer war tapeziert mit NBA-Spielern. Ein überdimensionales, selbstgemaltes Supersonics-Logo prangte an meiner Zimmerwand. Mich erfasste die Sammlerleidenschaft von NBA-Trading-Cards. Ganze Aktenordner von Upper Deck, Topps und Fleer Ultra, präzise sortiert nach Spielern und Teams, nenne ich mein Eigen. In der Zeitschrift *Beckett* schaute ich nach dem Wert der einzelnen Karten. Die wertvollsten Karten rahmte ich ein, damit die Ecken bloß nicht beschädigt werden. In meiner Jugend war ich ein Basketball-Maniac. Ich erinnere mich an viele schlaflose Nächte, in denen ich auf *DSF* mit meinen Kumpels die NBA-Finals live im Fernsehen verfolgte.

1997 verschlang ich die Dennis-Rodman-Bücher *Bad as I wanna be* und *Der Abräumer*. Im Herbst des gleichen Jahres wagte ich den Schritt über den großen Teich – ein Jahr an einer amerikanischen Highschool mit Aufenthalt bei einer Gastfamilie – und das Beste daran: Meine Gasteltern besaßen Saisontickets für die Minnesota Timberwolves und nahmen mich mit zu den Spielen. Die Saison 1997/98 war mein NBA-Jahr, in dem ich kein Spiel der T-Wolves verpasste und die Youngster Kevin Garnett und Stephon Marbury im Target-Center fliegen sah.

Ich erinnere mich noch ganz genau an den 3. April 1998: das Duell der Timberwolves mit den Chicago Bulls um dessen Legende Michael Jordan. Es war mein Highlight, MJ einmal live spielen zu sehen – vor seiner letzten Meisterschaft mit den Bulls und dem anschließenden Rücktritt. 48 Nettominuten verfolgte ich gebannt jeden Move von „His Airness" und dessen 41 Punkte, sechs Rebounds und vier Assists. Dass in dem Spiel auf dem Parkett neben Jordan auch Superstars wie Scottie Pippen, Dennis Rodman und Toni Kukoc standen, war in dem Moment nebensächlich für mich.

Ende der 1990er-Jahre begann auch die große Ära des „German Wunderkinds" Dirk Nowitzki, die mich 21 Jahre begleitete. Im Würzburger Trikot sah ich das aufstrebende Jahrhunderttalent erstmals in der Bundesliga auf dem Spielfeld gegen Alba Berlin auflaufen. In den folgenden Jahren verfolgte ich als Journalist Nowitzkis Engagement im Trikot der deutschen Nationalmannschaft live vor Ort bei Europa- und Weltmeisterschaften, wie z. B. 2010 in der Türkei oder 2011 in Litauen.

Parallel zu Dirk war ich Fan von Kobe Bryant – mein Michael Jordan der Gegenwart. 2007, im Rahmen meines Auslandsjahres in Kalifornien, hatte ich die Möglichkeit die „Black Mamba" mit den Lakers live im Staples Center von Los Angeles erleben zu dürfen – im letzten Heimspiel der Saison 06/07 gegen die Seattle Sonics und ich sah 50 Punkte von Kobe! Mein Highlight des Jahres. Sein tragischer Tod mit seiner 13-jährigen Tochter durch einen Hubschrauberunfall am 26. Januar 2020 erschütterte mich und die ganze Basketballwelt zutiefst. Das sind Momente, die mir bewusst machen, dass es jeden von uns treffen kann, das Leben seinen eigenen Plan hat und dass sich innerhalb einer Sekunde alles ändern kann. Das Leben ist zu schade und manchmal leider auch zu kurz, um es mit Groll, Hass und Streit auszufüllen. Ich lebe es stattdessen in Liebe und Dankbarkeit. In Erinnerung behalte ich ein Zitat von Kobe: „Wenn du nicht an dich glaubst, wird es auch niemand sonst tun."

Als Ur-Berliner bin ich von Beginn an eine enge Beziehung zu Alba Berlin eingegangen. Ich erinnere mich an Partien in der Charlottenburger

Sömmeringhalle vor ein paar hundert Zuschauern, in denen ich mit den Alba-Fans hinterm Korb direkt am Spielfeldrand stand, den Schweiß der Spieler roch und jedes Wort auf dem Spielfeld wahrnahm – vom Quietschen der Sneakers bis zum Dirty Talk.

Nach den Spielen betrat ich mit den anderen das Parkett und holte mir Autogramme von Alibegović, Baeck & Co. Als Prenzl' Berger Jugendlicher durfte ich nach dem Umzug in die Max-Schmeling-Halle hochklassigen und megaerfolgreichen Basketball direkt vor der Haustür erleben – die Wachablösung von Coach Bauermanns Bayer Leverkusen als Meisterabonnenten. Wendell Alexis, Henrik Rödl und Henning Harnisch waren seinerzeit meine Heros.

Heute begeistere ich mich an Spielern wie Luke Sikma mit 14.500 Zuschauern in der Mercedes-Benz-Multifunktionsarena.

Und jetzt zurück zu dir. Ich bin mir sicher, dass die große Liebe zu dieser wunderbaren Sportart auch in dir entflammen wird, wenn sie es noch nicht getan hat. Basketball ist unheimlich vielseitig, spektakulär, dynamisch, spannend und emotional – einfach einzigartig.

Dieses Buch soll dir eine wertvolle Stütze als Basketballneuling sein, um dich noch besser mit der Materie vertraut zu machen. Es stellt in übersichtlicher und komprimierter Form die wichtigsten Regeln, Taktiken, Techniken und Hintergründe der Sportart vor und verschafft dir somit einen tollen Überblick über das Geschehen. Das Basketball-Wörterbuch im hinteren Teil ist deine Soforthilfe, um Fachbegriffe richtig einordnen zu können. Ich wünsche dir viel Spaß beim Erkunden deiner neuen Lieblingssportart!

Dein Sebastian Finis

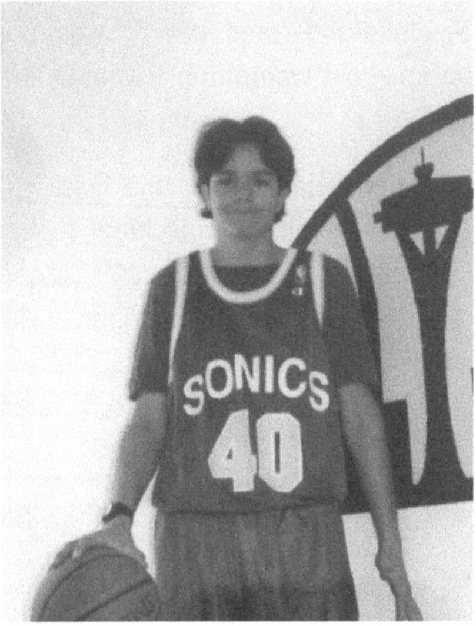

Abb. 1: 1996

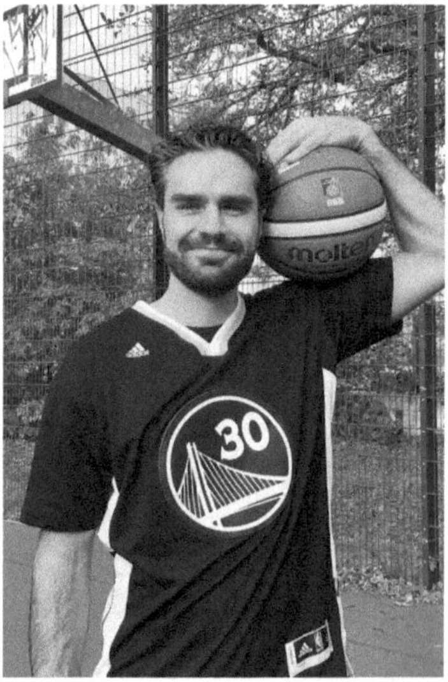

Abb. 2: 2019

★ 2 ★

DIE GESCHICHTE

2.1 GEBURT UND ENTWICKLUNG IN AMERIKA

Ursprungsort des Basketballsports ist das Springfield College im US-amerikanischen Bundesstaat Massachusetts – anderthalb Autostunden westlich von Boston. Der Sportlehrer Dr. James Naismith präsentierte hier am 21. Dezember 1891 die neue Hallensportart mit 13 Regeln als reines Pass- und Wurfspiel ohne Körperkontakt.

Vorausgegangen war ein Lehrauftrag des Collegedirektors, sich eine Sportart auszudenken, die die Studenten im Winter ausüben konnten – als Überbrückung der Freiluftsaison der Sportarten American Football, Baseball, Lacrosse und Fußball.

Dr. Naismith bekam vom Direktor zwei Wochen Zeit, um sich Gedanken zu machen. Er konzipierte eine körperlose Ausgleichssportart, in der gefährliche Kollisionen wie im American Football vermieden werden sollten, um keine Verletzungen zu riskieren. In Naismiths 13 Regeln verbot er das Laufen mit Ball. Noch heute findet sich dieser Grundgedanke im

Regelwerk, nach dem jeder Schrittfehler mit Ballverlust geahndet wird. Der Ball sollte gefangen und aus dem Stand so oft weitergepasst werden, bis sich ein Mitspieler in aussichtsreicher Position zum auf dem Boden stehenden „Tor" befand. Den Ball zu dribbeln, war (noch) nicht erlaubt.

Um Rangeleien in unmittelbarer Nähe des „Tors" zu vermeiden, hatte Naismith die Idee, das „Tor" vom Boden zu lösen. Naismith bat den Hausmeister Pop Stabbins, zwei Kästen, die groß genug für einen Lederfußball waren, an die Empore der Turnhalle zu nageln. Da der Hausmeister keine geeigneten Kästen fand, mussten ersatzweise Obstkörbe herhalten, die er an der Empore befestigte. Daraus ergab sich vor 129 Jahren der Name *Korbball* (engl. *Basket Ball*). Noch heute hängt der Korb auf exakt der Höhe, die die Empore der Sporthalle in Springfield vorgab – auf 10 Fuß (= 3,05 m).

Der Boden der Obstkörbe wurde übrigens in jenen Frühtagen nicht entfernt. Nach jedem erfolgreichen Wurf musste der Ball mit einer Leiter aus dem Korb geholt werden. Alternativ wurde der Ball mit einem Stock von oben aus dem Korb gefischt. Das kam jedoch nicht oft vor, da erfolgreiche Würfe Seltenheitswert besaßen.

Das erste offizielle Basketballspiel fand am 21. Dezember 1891 statt, bei dem aus Naismiths Klasse pro Mannschaft neun Spieler auf dem Feld standen. Es endete nach chaotischen zweimal 15 Minuten 1:0. Den spielentscheidenden Wurf traf der Student William R. Chase – damals spektakulär – aus acht Metern. Der erste Wurf und schon ein Dreier! 93 Jahre, bevor der Weltverband FIBA die Dreierlinie einführte.

Im Laufe des 20. Jahrhunderts wurde Basketball immer beliebter – zunächst in Amerika und dann in anderen Teilen der Welt. Nachdem Basketball an amerikanischen Colleges etabliert war, folgte das professionelle Spiel. Die 1946 gegründete *National Basketball Association (NBA)* entwickelte sich gegen Ende des Jahrtausends zu einem Multimilliardenunternehmen und Basketball war längst Teil der amerikanischen Kultur.

2.2 BASKETBALL-MEILENSTEINE

1891 Geburtsjahr des Basketballs.

1893 Der Sternschritt wird eingeführt. Es ist von nun an offiziell erlaubt, einen Fuß umzusetzen, solange der andere feststeht. Damit wurde das Pivotieren zu einer zentralen Angriffstechnik in Korbnähe.

1893 Einführung von Frauen-Basketball am Smith College in Northampton, Massachusetts.

1894 Die ursprünglich verwendeten Fußbälle werden durch die ersten, speziell gefertigten Basketbälle ersetzt.

1894 Einführung eines Freiwurfs nach Foulspiel. Ein Feldwurf zählte nun zwei Punkte, ein Freiwurf einen Punkt.

1896 Statt ursprünglich neun stehen nur noch fünf Spieler pro Mannschaft gleichzeitig auf dem Feld.

1898 Gründung der ersten professionellen Liga: sechs Teams in der National Basketball League (NBL).

1900 Die ersten Basketballschuhe kommen auf den Markt. Preis eines Spitzenmodells: vier US-Dollar.

1906 Einführung des unten offenen Netzes am Korb.

1906 Gründung des Hochschulsportverbands „National Collegiate Athletic Association" (NCAA).

1908 Harvard-Präsident Charles Eliot fordert die Abschaffung der Sportart, nachdem diese sich in die falsche Richtung entwickelte und an Brutalität zunahm. Die meisten Basketballpioniere gehen mit der vertrauten Footballmentalität zur Sache und rüsten sich mit Ellbogen- und Knieschützern und gefütterten Hosen. Einige bevorzugen deshalb für die neue Sportart auch die treffendere Bezeichnung *Basket Football*.

Bis 1913 Ausballregelung: Diejenige Mannschaft, die zuerst den ins Aus gesprungenen Ball zu fassen bekommt, darf den Einwurf ausführen.

1913-1929 Ein Käfig trennt die Spieler von den Zuschauern. Basketball bekommt den Spitznamen *Cage Game*. Die Spieler sind *Cagers*. Das Spielfeld ist mit Metalldraht umzäunt, was die Verletzungsgefahr (besonders Schnittwunden) immens erhöht.

1923 Der gefoulte Spieler ist verpflichtet, selbst an die Freiwurflinie zu gehen. Bis dahin konnte ein sogenannter *Designated Foul Shooter* stellvertretend für seine Mitspieler alle Freiwürfe ausführen. Regelmäßig stellten diese Spezialisten die erfolgreichsten Punktesammler in ihrem Team.

1925 Gründung der American Basketball League (ABL).

1926 Beginn der Ära der Weltenbummler-Showtruppe Harlem Globetrotters.

1932 Gründung des Weltverbandes FIBA (Fédération Internationale de Basketball) in Genf, Schweiz.

1936 Basketball findet in Berlin erstmals bei Olympischen Spielen statt.

1938 Start des „National Invitation Tournaments" (NIT) im Madison Square Garden, New York – das wichtigste College-Einladungsturnier.

1939 Erstes NCAA-Championship-Turnier vor 5.500 Zuschauern in Evanston, Illinois. Die University of Oregon besiegt im Finale die gegnerische Mannschaft der Ohio State University mit 46:33.

1944 Am 12. März findet das *Secret Game* zwischen dem weißen Team der Duke University und dem schwarzen Team der North Carolina Central University („Neger-College") unter absoluter Geheimhaltung statt – eines der denkwürdigsten College-Basketballspiele im „rassengetrennten" Amerika.

1949 Gründung der NBA (National Basketball Association) als Zusammenschluss der BAA (Basketball Association of America) und der rivalisierenden NBL (National Basketball League).

1949 Gründung des DBB (Deutscher Basketball Bund).

1950 Erste Basketballweltmeisterschaft in Argentinien.

1951 Bei einem Showspiel der Harlem Globetrotters wird mit 75.000 Zuschauern im Berliner Olympiastadion ein neuer Zuschauerrekord im Basketball aufgestellt.

1952 Gründung des Deutschen Basketball Verbands (DBV) der DDR.

1962 Wilt Chamberlain erzielt 100 Punkte in einem Spiel.

1963 In Deutschland wird die erste Regelung für ausländische Spieler eingeführt. Pro Spiel ist im deutschen Basketball ein Ausländer spielberechtigt (1988-1996 zwei Ausländer).

1964 Gründung der Basketball-Bundesliga in Deutschland (erste Spielzeit 1966/67).

1967 Gründung der ABA (American Basketball Association) als Alternative zur NBA. Berühmtester ABA-Vertreter: Julius „Dr. J." Erving.

1975 Einführung der Verlängerung und, damit verbunden, die Abschaffung des Unentschiedens im deutschen Basketball (gemäß den FIBA-Regeln).

1976 Ende der ABA und Aufnahme der ABA-Teams New York Nets, Denver Nuggets, Indiana Pacers und San Antonio Spurs in die NBA. Übernahme des Drei-Punkte-Wurfs in die NBA.

1985 Mit Detlef Schrempf und Uwe Blab werden erstmals zwei Deutsche in die NBA gedraftet.

1989 Der Weltverband FIBA erlaubt, dass professionelle Spieler aus der NBA an Olympischen Spielen teilnehmen dürfen.

1992 Das legendäre „Dream Team" um Michael Jordan, Magic Johnson, Larry Bird & Co., die wohl beste Mannschaft aller Zeiten, gewinnt olympisches Gold in Barcelona und löst einen weltweiten Basketballboom aus.

1993 Deutschland wird überraschend Europameister.

1995 Alba Berlin gewinnt den Korac Cup – der bislang größte Erfolg einer deutschen Vereinsmannschaft.

1996 Infolge des Bosman-Urteils werden Deutsche und Spieler mit EU-Staatsbürgerschaft gleich behandelt. Die Bundesliga wird daraufhin mit ausländischen Spielern überschwemmt.

1998 Dirk Nowitzki startet seine Karriere bei den Dallas Mavericks in der NBA. Aufgrund des Lockouts bestreitet er sein erstes Spiel im Januar 1999.

2002 Deutschland gewinnt die Bronzemedaille bei der Weltmeisterschaft in Indianapolis.

2004 Die USA scheitern mit ihren NBA-Spielern erstmals seit 1992 bei Olympia und gewinnen in Athen „nur" Bronze.

2005 Deutschland wird Vize-Europameister in Serbien und Montenegro.

2006 Kobe Bryant erzielt 81 Punkte in einem Spiel (zweithöchste Punktzahl hinter Chamberlains 100 Punkten).

2007 Dirk Nowitzki wird als erster europäischer Spieler die Auszeichnung *NBA Most Valuable Player* (wertvollster Spieler der Saison) verliehen.

2008 Deutschland qualifiziert sich erstmals seit 1992 wieder für Olympia.

2011 Dirk Nowitzki gewinnt mit den Dallas Mavericks die erste und einzige NBA-Meisterschaft.

2015 Klay Thompson (Golden State Warriors) erzielt 37 Punkte in einem Viertel (davon neun von neun Dreiern). Rekord.

2019 Dirk Nowitzki beendet nach 21 Jahren in der NBA seine aktive Spielerkarriere.

2019 Die deutsche Basketballnationalmannschaft der Herren scheitert bei der WM bereits in der Vorrunde. Noch nie zuvor verlor eine DBB-Auswahl ihre ersten beiden WM-Spiele – und das, obwohl für viele Experten das deutsche Team so stark besetzt gewesen sei wie noch nie.

2.3 ENTWICKLUNG IN DEUTSCHLAND

Im Gegensatz zu den USA entwickelte sich Basketball in Deutschland schleppend. Zwar wurde Basketball bereits 1896 von Turninspektor August Hermann in Deutschland eingeführt (die Regeln orientierten sich am Handballsport), doch erst knapp 40 Jahre nach der Erfindung von Dr. Naismith in den USA etablierte sich die Sportart in Deutschland in seiner international gespielten Form.

Sowohl ausländische Studenten an deutschen Hochschulen, wie in Berlin, Breslau (heute Polen) und Gera, als auch deutsche Sportlehrer, die auf ihren Reisen auf Basketball aufmerksam wurden, führten die Sportart an deutschen Schulen und Universitäten ein. Unter den Sportlehrern war Hermann Niebuhr, der aufgrund seiner Pionierarbeit in den 1930er-Jahren als „Vater des deutschen Basketballs" gilt. Niebuhr gründete u. a. 1935 beim VfL Bad Kreuznach die erste Basketballabteilung in einem deutschen Sportverein.

Jedoch stand Basketball zunächst in Konkurrenz zum etablierten Handballsport. 1934 wurde Basketball dem Fachverband Handball angegliedert. Bei den Olympischen Spielen 1936 in Berlin nahm eine aus Soldaten bestehende deutsche Basketballnationalmannschaft erstmals bei einem großen, internationalen Wettbewerb teil – die Spieler waren allesamt aus der Heeressportschule Wünsdorf und der Luftwaffensportschule Spandau. Trainer war der erste „Führer" des 1936 gegründeten Deutschen Basketball-Ausschusses, Hugo Murero. Nach 1936 wurde Basketball stärker gefördert und von den Reichsbundsportlehrern Murero und Theo Clausen in ganz Deutschland verbreitet.

Fortan wurde Basketball in den Lehrplan an Schulen (seinerzeit *Richtlinien für Leibeserziehung*) aufgenommen. Nach den Olympischen Spielen 1936 bis zum Ausbruch des Zweiten Weltkriegs erlebte Basketball in Deutschland eine erste kurze Blütezeit. Im April 1939 waren rund 3.400 Spieler in 156 Vereinen registriert. Der Zweite Weltkrieg stoppte die Weiterentwicklung des Basketballs.

Nachdem die vier alliierten Siegermächte nach Ende des Zweiten Weltkriegs 1945 Deutschland unter sich aufteilten und die Amerikaner vor allem im Südosten Deutschlands ihre Besatzungszonen hatten, wurde Basketball vermehrt an diesen Standorten von den amerikanischen Soldaten gespielt und gefördert: im Süden Berlins, in Bremen und Bremerhaven, in Bayern, in Teilen von Baden-Württemberg sowie in Hessen.

Aber auch britische und französische Soldaten sowie frühere Zwangsarbeiter aus den baltischen Staaten verhalfen Basketball zu größerer Beliebtheit. Am US-Stützpunkt in Mannheim entwickelte sich 1958 das Albert-Schweitzer-Turnier, die inoffizielle Weltmeisterschaft für die Altersklasse U18. Bis 2010 war die US-Army Veranstalter am traditionellen Austragungsort, der „US Sports Arena", auf dem Gelände des US-Militärstützpunkts.

Das Turnier war auch Anreiz, die Jugendarbeit in Deutschland zu intensivieren. Mit der Einführung des Minibasketballs für 8-12-Jährige im Jahre 1970 und der damit verbundenen, kindgerechten Regelanpassung (u. a. kleinere, leichtere Bälle) kamen Heranwachsende früher in Kontakt mit Basketball. Talentierte Spieler konnten so früher entdeckt und gefördert werden. 1972 wurde die erste deutsche Meisterschaft für Schüler ausgetragen und zwei Jahre darauf wurde Basketball in das Programm JUGEND TRAINIERT FÜR OLYMPIA aufgenommen.

Nach der Gründung der BRD und der DDR 1949 wurde im Vereinssport 1953 kurzzeitig der sogenannte *Ost-West-Spielbetrieb* eingegliedert und in diesem Jahr trat bei der Herren-Europameisterschaft in Moskau einmalig ein gesamtdeutsches Team an, das aus acht westdeutschen und vier ostdeutschen Athleten bestand. In den Folgejahren gab es jedoch bis zur Wiedervereinigung zwei getrennte deutsche Nationalmannschaften und Ligen.

Von 1953 bis 1990 ermittelte die DDR den Meister der Oberliga. 1990 löste sich der Deutsche Basketball Verband (DBV) der DDR auf, als fünf neue ostdeutsche Landesverbände dem DBB beitraten.

Nebenbei bemerkt, war die Basketballnationalmannschaft der DDR das bessere deutsche Team bei Turnieren und konnte alle deutsch-deutschen Länderspiele gegen die westdeutsche Basketballnationalmannschaft bis 1973 für sich entscheiden.

Das dominante und sehenswerte US-Dream-Team von 1992 sorgte auch in Deutschland für einen Basketballboom. Ein Jahr später wurde die deutsche Herren-Nationalmannschaft überraschend Europameister. Viele deutsche Jugendliche begeisterten sich daraufhin für Basketball, verfolgten die Ära von Michael Jordan in der NBA, schlossen sich einem Basketballverein an oder spielten auf Freiplätzen Streetball.

Seit Ende der 1990er-Jahre war es vor allem Dirk Nowitzki mit seinen Erfolgen in der NBA und mit der Nationalmannschaft, der die Euphorie in Deutschland am Leben hielt. 2002 gewann die deutsche Nationalmannschaft mit ihrem Zugpferd Nowitzki die Bronzemedaille bei der Weltmeisterschaft in Indianapolis sowie 2005 die Silbermedaille bei der Europameisterschaft in Serbien und Montenegro. Nowitzki war auch dafür verantwortlich, dass sich Deutschland 2008 erstmals nach 1992 wieder für die Olympischen Spiele qualifizieren konnte.

Damit ging für den großen Blonden ein Kindheitstraum in Erfüllung. 21 Jahre lang, bis zu seinem Rücktritt 2019, war Nowitzki Aushängeschild der Dallas Mavericks und Vorbild einer ganzen Basketballgeneration. Er hatte somit einen massiven Einfluss auf die Popularisierung der Sportart in Deutschland. Diese soll nun mit den deutschen NBA-Vorzeigeathleten, wie Dennis Schröder, Maxi Kleber oder Daniel Theis, weiter vorangetrieben werden.

Bei der WM 2019, erstmals ohne Nowitzki im deutschen Kader, gab es jedoch den ersten Dämpfer, nachdem die DBB-Auswahl bereits in der Vorrunde scheiterte. Dennoch sieht die Zukunft des deutschen Basketballs rosig aus. Noch nie gab es so viele Deutsche in der stärksten Liga der Welt.

★ 3 ★

DIE REGELN

Die vorliegenden Regeln beziehen sich auf die bis zum Zeitpunkt der Manuskriptanfertigung offiziellen Regeln des Weltverbands FIBA mit Stand Oktober 2019. Aus dem komplexen Regelwerk sind die wichtigsten Regeln herausgefiltert, zusammengefasst, vereinfacht ausgedrückt und kommentiert.

Im Basketball gibt es bis zum heutigen Tag immer wieder Regelanpassungen. Außerdem unterscheiden sich die Regeln der FIBA von der NBA in einigen Details. Es obliegt den nationalen Verbänden, diese Regeländerungen in ihren Strukturen bis ganz nach unten in die Amateurligen anzuwenden.

3.1 ZIEL DES SPIELS

Basketball wird mit zwei Mannschaften mit jeweils fünf Spielern gespielt. Das Ziel jedes Teams ist es, mit dem Ball in den gegnerischen Korb zu treffen und das andere Team daran zu hindern, Körbe zu erzielen. Der Korb, welcher angegriffen wird, ist der gegnerische Korb und der Korb, der verteidigt wird, ist der eigene. Gewonnen hat die Mannschaft, welche am Ende der Spielzeit mehr Punkte erzielt hat. Das Spiel wird durch Schiedsrichter, Kampfrichter und gegebenenfalls einen Technischen Kommissar überwacht.

3.2 SPIELFELD UND AUSRÜSTUNG

Basketball wird auf einem rechteckigen *Spielfeld* gespielt, welches eine harte, ebene Oberfläche hat. Es ist 28 m lang und 15 m breit. Es wird durch die 5 cm breiten Seiten- und Endlinien begrenzt. Zwischen dem Spielfeld und den Werbebanden, Zuschauern, Mannschaftsbänken etc. ist ein Mindestabstand von 2 m von den Grenzlinien vorgeschrieben. Die Mittellinie teilt das Spielfeld in zwei Hälften – das Rückfeld (die eigene Spielhälfte) und das Vorfeld (die Spielhälfte der gegnerischen Mannschaft). Der Mittelkreis hat einen Durchmesser von 3,60 m.

In Korbnähe ist eine rechteckige Zone eingezeichnet (5,80 m x 4,90 m). Sie wird oben durch die Freiwurflinie begrenzt, die 4,23 m vom Mittelpunkt des Rings entfernt ist. Die Drei-Punkte-Linie ist in 6,75 m Entfernung zum Korb (parallel zur Seitenlinie sind es nur 6,60 m!). Unmittelbar vor dem Korb befindet sich ein Halbkreis, der sogenannte *No-Charge Semi-Circle* („Kein-Offensivfoul-Halbkreis") mit einem Radius von 1,25 m vom Korbmittelpunkt.

An der Seitenlinie des Spielfelds gegenüber den Mannschaftsbereichen befinden sich Einwurfmarkierungen. Außerdem gibt es kleine Markierungen an den seitlichen Begrenzungen der Zone für die Anordnung der Spieler beim Freiwurf. Darüber hinaus ist die Anordnung der Mannschaftsbereiche mit der Spielerbank, der Coachingzone und dem Kampfgericht mit genauen Abmessungen geregelt.

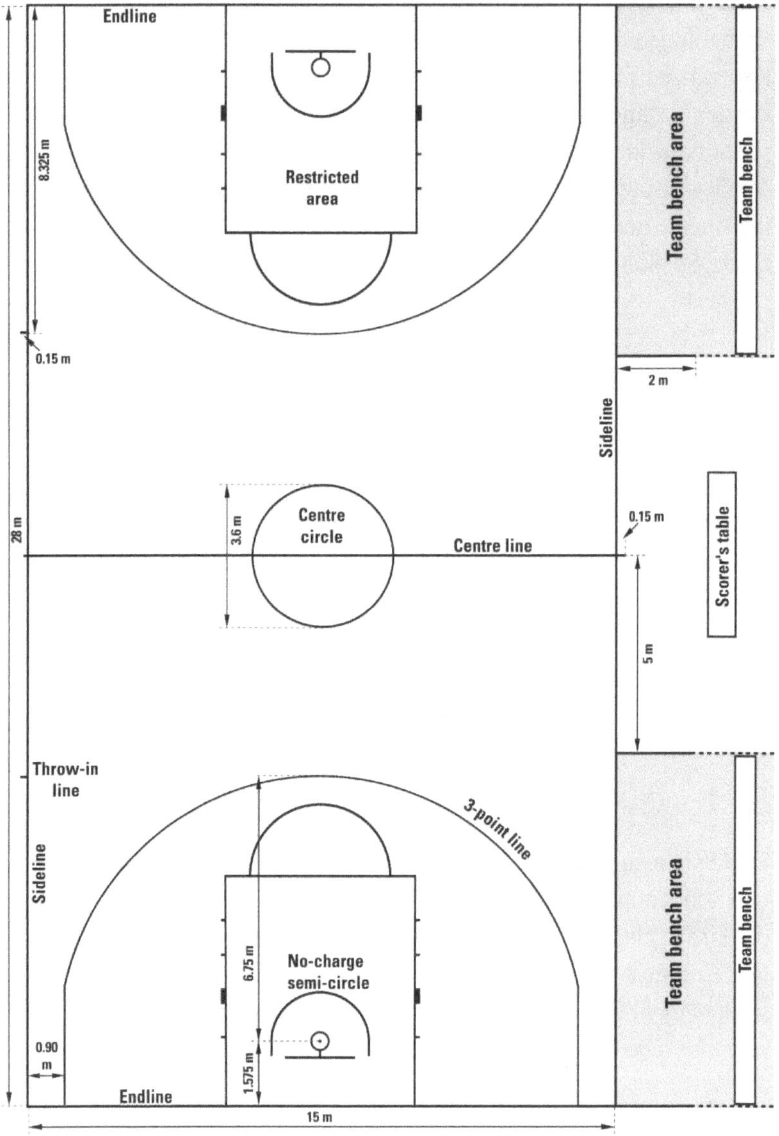

Abb. 3: Spielfeld nach FIBA-Regeln

Zur ordnungsgemäßen *Ausrüstung* eines Basketballspiels gehören zwei Korbanlagen (Spielbrett, Körbe mit Belastungssicherung und Netzen, Korbstützen mit Polsterung), Basketbälle, Spieluhr, Anzeigetafel, 24-Sekunden-Anlage, Stoppuhr zum Messen der Auszeiten, zwei gut unterscheidbare, laute akustische Signale (für Spieluhr und 24-Sekunden-Uhr), Anschreibebogen, Schilder für die Anzahl der Spielerfouls, Anzeiger für die Anzahl der Mannschaftsfouls, Einwurfanzeiger für wechselnden Ballbesitz, Spielboden, Spielfeld und Beleuchtung.

3.3 MANNSCHAFTEN

Jede *Mannschaft* besteht aus höchstens 12 spielberechtigten Mitgliedern einschließlich eines Kapitäns, einem Coach sowie maximal acht Delegationsmitgliedern, die auf der Mannschaftsbank sitzen dürfen. Zur Delegation einer Mannschaft gehören u. a. Assistenztrainer, Athletiktrainer, Manager, Ärzte, Physiotherapeuten und Teambetreuer (siehe auch Kap. 8). Der erste Assistenztrainer wird mit im Spielberichtsbogen eingetragen.

3.3.1 Spielerwechsel

Fünf Spieler jeder Mannschaft stehen während der Spielzeit auf dem Feld und können ausgewechselt werden. Ein *Spielerwechsel* findet statt, wenn der Ersatzspieler vom Schiedsrichter aufgefordert wird, das Feld zu betreten. Eine Auswechslung kann auch während einer Auszeit oder Spielpause durchgeführt werden. In jedem Fall ist vorgeschrieben, dass die Einwechslung beim Anschreiber angemeldet wird.

3.3.2 Spielkleidung

Die *Spielkleidung* besteht aus einheitlichen Trikots bzw. Shirts, deren Farbe auf der Vorder- und Rückseite gleich ist. Ärmel sind nur bis oberhalb der Ellbogen erlaubt. Es dürfen keine T-Shirts unter den Trikots getragen werden. Die Farbe der Shorts kann sich von den Trikots unterscheiden. Die Länge der Shorts ist bis oberhalb der Knie begrenzt. Die Socken müssen sichtbar sein und sollten bei allen Spielern die gleiche Farbe haben. Eine Regelung für die Marke, Farbe oder Höhe der Schuhe gibt es nicht.

Die Trikots müssen auf der Vorder- und Rückseite mit gut lesbaren Zahlen nummeriert sein (Maße: mindestens 20 cm x 10 cm). Es dürfen die Zahlen 0 und 00 und von 1 bis 99 verwendet werden. Jede Nummer darf pro Team nur einmal vorkommen. Jede Mannschaft muss mindestens zwei Sätze Trikots zur Verfügung haben. Die Heimmannschaft trägt helle Shirts (vorzugsweise weiß) und die Gastmannschaft dunkelfarbige Hemden. Wenn beide Teams einverstanden sind, können die Farben der Trikots auch vertauscht werden.

Kein Spieler darf Gegenstände am Körper tragen, die zu Verletzungen anderer Spieler führen können. Dazu gehören z. B. Schmuck, Schutzvorrichtungen aus Leder, Kunststoff oder Metall und lange Fingernägel. Erlaubt sind Schutzvorrichtungen aus abgepolstertem Material, Kompressionsmanschetten/-strümpfe, Kniestützen, Schutzmasken für die Nase, durchsichtiger Zahnschutz, Brillen, Kopfbänder/-bedeckungen, Klebebänder und Fußgelenkstützen. Entscheidend ist die gleiche Farbe bei allen Spielern.

3.3.3 Verletzung eines Spielers

Bei Verletzungen können die Schiedsrichter mit einem Pfiff das Spiel unterbrechen, nachdem eine Mannschaft auf den Korb geworfen hat oder bei der angreifenden Mannschaft die Ballkontrolle verloren geht (z. B. Ausball, Foul oder eine sonstige Regelübertretung).

Kann ein Spieler nicht innerhalb von 15 Sekunden weiterspielen oder muss er auf dem Feld behandelt werden, muss er ausgewechselt werden. Trainer, Ärzte oder andere Teammitglieder dürfen das Spielfeld nur nach Aufforderung der Schiedsrichter betreten, es sei denn, es ist ein Notfall.

In diesem Fall darf der Arzt ohne Erlaubnis des Schiedsrichters das Feld betreten, wenn er der Ansicht ist, dass der verletzte Spieler sofort behandelt werden muss.

Blutet ein Spieler oder hat er eine offene Wunde, muss er ausgewechselt werden und darf erst wieder das Feld betreten, wenn die Blutung gestoppt und/oder die Wunde verbunden ist. Kann ein Spieler aufgrund einer Verletzung seine Freiwürfe nicht ausführen, darf an seiner Stelle ein für ihn eingewechselter Spieler die Freiwürfe durchführen.

3.3.4 Der Kapitän

Der *Kapitän* wird vom Trainer ernannt und repräsentiert seine Mannschaft. Er darf während des Spiels höflich den Schiedsrichter ansprechen, um Auskünfte zu erlangen, während der Ball tot und die Spieluhr gestoppt ist. Der Kapitän kann auch als Spielertrainer fungieren, wenn es keinen Chef- oder Assistenztrainer gibt. Der Kapitän informiert die Schiedsrichter spätestens 15 Minuten nach dem Spiel, sofern sein Team gegen das Ergebnis Protest einlegen möchte und unterschreibt dafür auf dem Spielberichtsbogen.

3.3.5 Der Cheftrainer und der erste Assistenztrainer

Mindestens 40 Minuten vor Spielbeginn gibt der *Cheftrainer* oder sein *Assistent* dem Anschreiber die Namen und zugehörigen Spielernummern der spielberechtigten Spieler. Alle eingetragenen Spieler sind spielberechtigt, auch wenn sie erst nach Spielbeginn in der Halle eintreffen. Mindestens 10 Minuten vor Spielbeginn kontrolliert der Trainer die Namen auf dem Spielberichtsbogen und benennt anschließend seine *Starting Five*, also die fünf Spieler, die zu Beginn des Spiels auf dem Feld stehen.

Der Chef- oder Assistenztrainer darf während des Spiels zum Kampfgerichttisch gehen, um statistische Informationen zu sammeln, aber nur, wenn der Ball tot und die Spieluhr gestoppt ist. Der Cheftrainer darf auch höflich mit den Schiedsrichtern kommunizieren. Der erste Assistenztrainer übernimmt alle Aufgaben des Cheftrainers, sofern Letzterer aus irgendwelchen Gründen nicht mehr weitercoachen kann (z. B. Disqualifikation, Verletzung).

Kann oder darf der Kapitän nicht mehr weiterspielen, benennt der Coach einen neuen Spieler, der die Rolle des Kapitäns übernimmt.

3.4 SPIELREGELN

3.4.1 Reguläre Spielzeit und Verlängerung

Die *reguläre Spielzeit* besteht aus vier Vierteln à 10 Minuten (NBA viermal 12 Minuten).* Nach dem zweiten Viertel findet eine 15-minütige Halbzeitpause statt, in der die Teams die Körbe wechseln. Nach dem ersten und nach dem dritten Viertel sowie vor jeder Verlängerung gibt es eine Pause von zwei Minuten (ohne Seitenwechsel). Die Spielzeit beginnt mit dem Sprungball des Schiedsrichters im Mittelkreis und endet mit einem akustischen Signal, wenn die Uhr abgelaufen ist.

Sofern der Punktestand nach Ablauf der regulären Spielzeit (nach dem vierten Viertel) ausgeglichen ist, gibt es so lange fünfminütige *Verlängerungen*, bis ein Team am Ende mehr Punkte erzielt hat. Somit kann the-

---

***Anmerkung**

Die Uhr wird mit jedem Pfiff des Schiedsrichters angehalten, sodass die Netto-Spielzeit 40 Minuten beträgt (NBA 48 Minuten). In der Summe mit allen Unterbrechungen dauert ein Spiel jedoch in der Regel zwischen 1:45 und zwei Stunden (ohne Verlängerung). In der NBA sind es mindestens 2:15 Stunden.

---

oretisch ein Basketballspiel unendlich lange dauern, wenn kein Team es schafft, am Ende einer Verlängerung mehr Punkte auf dem Konto zu haben. In allen Verlängerungen spielt ein Team auf den gleichen Korb wie im vierten Viertel.

Fun Fact: Alba Berlin stellte 2007 mit fünf Verlängerungen gegen Bosna Sarajewo einen Europarekord auf.

3.4.2 Ballstatus – lebendig oder tot

Der *Ball* kann entweder *lebendig* (live) oder *tot* (dead) sein. Nur wenn der Ball lebendig ist, zählt ein Wurf auf den Korb. Der Ball wird lebendig während des Sprungballs, Freiwurfs oder Einwurfs. Der Ball wird tot, wenn ein Feldkorb oder Freiwurf erzielt wurde, ein Schiedsrichter pfeift oder das Signal der Spieluhr bzw. der Wurfuhr ertönt.

Wenn der Schiedsrichter pfeift oder ein Signalton der Spiel- oder Wurfuhr ertönt, nachdem der Ball die Hand des Werfers bereits verlassen hat, zählt der Korb. Das Gleiche gilt für den Freiwurf: Pfeift ein Schiedsrichter aufgrund einer Regelübertretung, wenn der Ball bereits in der Luft ist, zählt der Freiwurf – es sei denn, der Freiwerfer selbst hat einen Regelverstoß begangen. Ein Wurfversuch nach einem Schiedsrichterpfiff oder Signalton der Uhr ist ungültig, wenn der Werfer den Ball noch in den Händen hat.

3.4.3 Sprungball bei Spielbeginn

Das Spiel beginnt mit einem *Sprungball* im Mittelkreis. Der Schiedsrichter wirft den Ball zwischen zwei Gegenspielern senkrecht hoch. Der Ball darf nicht gefangen werden, sondern wird von einem oder beiden Springern in der Luft zu einem Mitspieler getippt, der außerhalb des Mittelkreises steht. Auch zweimaliges Tippen eines Spielers ist nicht erlaubt.

Wenn die Schiedsrichter nicht wissen, welche Mannschaft den Ball zuletzt berührt hat, nachdem er ins Aus geflogen ist oder wenn der Ball für tot erklärt wird, weil keine Mannschaft ihn unter Kontrolle bringen konnte, wird ebenfalls auf Sprungball entschieden.

3.4.4 Wechselnder Ballbesitz

Die Mannschaft, die beim Eröffnungssprungball keine Ballkontrolle erlangt hat, bekommt bei der nächsten Gelegenheit den Einwurf. Das kann dann entweder eine Halteballsituation sein (das heißt, Spieler gegnerischer Mannschaften halten die Hände so fest am Ball, dass kein Spieler ohne übermäßige Härte in Ballbesitz kommen kann)* oder aber der Beginn des nächsten Viertels. Die Mannschaften erhalten abwechselnd einen Einwurf von der Stelle, die der Halteballsituation am nächsten liegt bzw. bei Beginn des Viertels an der Mittellinie gegenüber vom Anschreibertisch.

Wer den Ballbesitz bekommt, wird durch den Einwurfanzeiger am Anschreibertisch angezeigt. Das ist ein Pfeil, der in Richtung des Korbs zeigt, auf den die Mannschaft spielt, die das Recht auf den nächsten Einwurf hat. Die Kampfrichter drehen den Einwurfpfeil sofort in die andere Richtung, nachdem der *Ballbesitzwechsel* stattgefunden hat.

3.4.5 Wie der Ball gespielt wird

Der Ball darf nur mit den *Händen* gespielt werden und darf in jede Richtung gepasst, geworfen, getippt, gerollt oder gedribbelt werden. Ein Spieler darf jedoch nicht mit dem Ball in der Hand laufen (Schrittfehler). Man darf nur mit einer Hand dribbeln. Nach Beendigung des Dribblings darf

---

***Anmerkung**

Im Gegensatz zu den FIBA-Regeln hat die EuroLeague seit der Saison 2019/20 den Sprungball bei einer Halteballsituation wieder eingeführt. Das heißt, es gibt keinen wechselnden Ballbesitz, wenn zwei gegnerische Spieler gleichzeitig den Ball festhalten.

---

man nur noch zweimal mit den Füßen den Boden berühren (ansonsten Schrittfehler) und nicht erneut dribbeln (Doppeldribbling).

Es ist erlaubt, einen „Sternschritt" auszuführen, das heißt, der Spieler darf sich über sein Standbein drehen und das Spielbein frei in alle Richtungen bewegen, während der Ball in den Händen gehalten wird.

Der Ball darf nicht absichtlich mit irgendeinem Teil des Beins getreten, gestoppt oder mit der Faust geschlagen werden. Wenn der Ball versehentlich das Bein berührt, ist das keine Regelübertretung. Bei Fehlern erhält die Gegenmannschaft den Ball zum Einwurf an der Seitenlinie nahe dem Ort der Regelübertretung.

3.4.6 Ballkontrolle

Eine Mannschaft hat *Ballkontrolle*„ wenn ein Spieler einen belebten Ball kontrolliert, das heißt, den Ball hält, dribbelt oder passt. Sie endet, wenn bei einem Wurf der Ball die Hand des Werfers verlässt, der Gegenspieler die Ballkontrolle erlangt oder der Ball zum toten Ball wird.

3.4.7 Spieler beim Wurf

Es handelt sich um einen *Wurf* (Feldwurf oder Freiwurf), wenn der Ball in beiden Händen gehalten und anschließend in Richtung des gegnerischen Korbs geworfen wird. Weiterhin gibt es die Möglichkeit, den Ball in den Korb zu tippen oder zu dunken.

Ein *Tip-in* liegt vor, wenn der Ball mit einer oder beiden Händen in den Korb getippt wird. Das geschieht meist im Zuge eines Offensiv-Rebounds. Bei einem *Dunk* (auch *Slam Dunk*) wird der Ball mit einer oder beiden Händen kraftvoll von oben in den Korb gestopft. Das ist eine der spektakulärsten Aktionen im Basketball. Ein *Tip-in* und *Dunk* gelten in der Statistik beide als Korbwurf.

Für die Schiedsrichter wichtig zu erkennen ist, wann eine Korbwurfaktion beginnt und endet. Denn wenn ein Spieler währenddessen gefoult wird, bekommt er Freiwürfe zugesprochen. Die Wurfaktion beginnt, wenn der Spieler die kontinuierliche Bewegung beginnt, die einem Wurf vorangeht. Das ist meistens eine mit dem Ball in den Händen nach oben gehende Bewegung.

Beim Korbleger beginnt die Wurfbewegung ab dem Zwei-Kontakt-Schrittrhythmus. Bei einem Wurf aus dem Stand endet die Korbwurfaktion, wenn der Ball die Hand des Spielers verlassen hat. Bei einem Sprungwurf oder Korbleger endet sie, wenn der Spieler wieder mit beiden Füßen auf dem Boden ist. Das hat zur Konsequenz, dass es auch Freiwürfe bei einem Foul gibt, wenn der Ball die Hand schon verlassen hat, der Spieler aber noch in der Luft ist.

Es gilt übrigens auch als Korbwurf, wenn ein Spieler nach Meinung des Schiedsrichters zwar werfen möchte, aber durch die Arme des Gegenspielers daran gehindert wird. In diesem Fall ist es unerheblich, ob der Ball die Hand verlassen hat.

3.4.8 Punktewertung

Ein Korb ist erzielt, wenn ein lebendiger Ball von oben in den Korb fällt (von unten zählt nicht!). Ein Korb aus einem Freiwurf zählt einen Punkt. Ein Korb aus dem Zwei-Punkte-Bereich (innerhalb der Drei-Punkte-Linie) zählt zwei Punkte. Ein Korb aus dem Drei-Punkte-Bereich (hinter der Drei-Punkte-Linie, die 6,75 m vom Korb entfernt ist) zählt drei Punkte.

Trifft ein Spieler zufällig in den eigenen Korb seiner Mannschaft, werden dem Kapitän der gegnerischen Mannschaft zwei Punkte zugeschrieben. Ein Eigenkorb kommt selten vor. Wenn es passiert, dann oft bei einer Defensivreboundaktion: Ein Verteidiger versucht, den vom Korb bzw. Brett abprallenden Ball zu einem Mitspieler zu tippen, der Ball landet aber aus Versehen im eigenen Korb. Nebenbei bemerkt, ein absichtlich erzielter Eigenkorb zählt nicht zwei Punkte für die Gegenmannschaft, sondern wird als Regelübertretung gehandhabt.

3.4.9 Einwurf

Nach einem Korb bringt ein Spieler der Gegenmannschaft den Ball an einer beliebigen Stelle hinter der Endlinie erneut ins Spiel. Der *Einwerfer* darf sich seitlich und/oder rückwärts bewegen und Mitspieler dürfen sich den Ball hinter der Endlinie zupassen.

Bei jeder Regelübertretung (z. B. Foul) oder wenn der Ball ins Aus fliegt, wird der Ball durch die gegnerische Mannschaft nahe dem Ort der Regelübertretung eingeworfen.

Zu Beginn aller Spielperioden (außer vor dem ersten Viertel, bei dem es einen Sprungball gibt) und vor allen Verlängerungen, wird der Einwurf von der Mittellinie gegenüber vom Anschreibertisch ausgeführt. Der einwerfende Spieler muss dabei mit je einem Fuß auf jeder Seite der verlängerten Mittellinie stehen und darf den Ball an eine beliebige Stelle des Feldes passen (auch ins Rückfeld!).

Immer wenn der Ball in den Korb geht, der Feldwurf oder Freiwurf jedoch nicht gültig ist, wird das Spiel mit einem Einwurf von der Seite aus der verlängerten Freiwurflinie fortgesetzt.

Der Einwerfer darf nicht:

★ Mehr als fünf Sekunden zum Einwerfen benötigen.

★ Das Spielfeld betreten, während sich der Ball noch in seinen Händen befindet.

★ Den Ball so einwerfen, dass er ins Aus geht.

★ Den Ball auf dem Spielfeld berühren, ehe der Ball einen anderen Spieler berührt hat.

★ Den Ball so einwerfen, dass er direkt in den Korb geht.

★ Sich von der vom Schiedsrichter bezeichneten Stelle derart bewegen, dass dabei eine Strecke von 1 m überschritten wird, bevor der Ball die Hand verlässt. Er darf sich aber so weit wie möglich senkrecht zur Linie rückwärts bewegen.

Während eines Einwurfs darf kein anderer Spieler:

★ Einen Teil seines Körpers über der Grenzlinie haben (z. B. mit dem Fuß auf die Linie treten), ehe der Ball eingeworfen wurde.

★ Sich näher als 1 m zum Einwerfer stellen, wenn an der Einwurfstelle weniger als 2 m Platz ist.

Findet beim Einwurf ein Regelverstoß statt, wird der Ball der gegnerischen Mannschaft zum Einwurf, an der Stelle des ursprünglichen Einwurfs, zuerkannt.

3.4.10 Auszeit

Eine *Auszeit* gibt dem Trainer die Möglichkeit, das Spiel zu unterbrechen und mit seinen Spielern zu sprechen. Sie dauert immer eine Minute. In der ersten Halbzeit hat jedes Team zwei Auszeiten und in der zweiten Halbzeit drei. Nicht genommene Auszeiten in der ersten Halbzeit verfallen, das heißt, sie können nicht mit in die zweite Halbzeit übernommen werden. In jeder Verlängerung gibt es eine weitere Auszeit pro Team.

Zusätzlich gibt es *Medienauszeiten* (Fernsehauszeiten für Werbung) beim ersten toten Ball nach fünf Spielminuten in jedem Viertel, wenn bis zu diesem Zeitpunkt keine Mannschaft eine Auszeit genommen hat.

Eine Auszeit kann genommen werden, wenn das Spiel unterbrochen ist (toter Ball, gestoppte Spieluhr) und der Cheftrainer oder sein Assistent die Auszeit vorher beim Kampfgericht beantragt hat. Bei der Beantragung einer Auszeit nimmt der Trainer Blickkontakt mit dem Kampfgericht auf und verlangt mit dem gebräuchlichen Handzeichen klar Auszeit. Er kann auch persönlich zum Anschreibertisch gehen. Ein Spieler kann keine Auszeit beantragen.

Zu Beginn einer Auszeit ertönt ein lautes Signal, welches vom Kampfgericht ausgelöst wird. Daraufhin pfeift der Schiedsrichter und gibt das entsprechende Zeichen zum Anschreibertisch. Die Auszeit endet, wenn der Schiedsrichter nach einer Minute erneut pfeift und die Spieler zum Betreten des Spielfelds auffordert.

Eine Auszeit kann nicht nur bei einem toten Ball genommen werden, sondern auch, wenn ein Korb gegen die Mannschaft erzielt wird, die eine Auszeit beantragt hat. Ebenfalls nach dem letzten (oder einzigen) Freiwurf ist eine Auszeit möglich.

Eine Auszeit ist für die Mannschaft, die gerade Punkte erzielt, nicht zulässig, wenn die Spieluhr in den letzten zwei Minuten des vierten Viertels (oder der Verlängerung) nach jedem erfolgreichen Korb gestoppt wird.

3.4.11 Spielerwechsel

Anders als beim Fußball können im Basketball beliebig viele *Spielerwechsel* stattfinden. Spielerwechsel sind dann möglich, wenn auch Auszeiten möglich wären – also beim toten Ball, wenn die Spieluhr gestoppt ist, nach einem letzten oder einzigen Freiwurf oder wenn in den letzten zwei Spielminuten die Uhr nach einem Korb des Gegners gestoppt wird.

Der Trainer bestimmt zwar den Spieler, der ein- und ausgewechselt wird, aber der Ersatzspieler beantragt seine Einwechslung selbst beim Kampfgericht mit Handzeichen und nimmt dann auf dem Wechselstuhl Platz. Sobald ein Spielerwechsel bei einer Unterbrechung möglich ist, ertönt ein Signal vom Kampfgericht. Daraufhin pfeift der Schiedsrichter. Und erst wenn der Schiedsrichter den Wechselspieler zum Betreten des Feldes auffordert, darf dieser das Feld betreten und einen Spieler ersetzen.

Soll ein Wechsel während einer Auszeit oder Spielpause stattfinden, muss sich der Ersatzspieler ebenfalls beim Anschreiber melden, bevor er das Spielfeld betritt.

Übrigens kann kein Spielerwechsel zwischen zwei oder drei Freiwürfen durchgeführt werden (in der NBA geht das), es sei denn, es findet dazwischen eine Regelübertretung oder ein Foul statt. Wenn der Freiwerfer selbst ausgewechselt werden soll, kann ein Wechsel stattfinden, wenn er den letzten Freiwurf trifft. Wirft er daneben, geht das Spiel weiter, sodass der Wechsel erst bei der nächsten Unterbrechung möglich ist.

3.4.12 Spiel verloren

Aufgrund von Fehlverhalten einer Mannschaft kann sie das Recht verlieren, zu spielen, z. B. wenn sie zu spät in der Halle eintrifft (15 Minuten nach der angesetzten Anfangszeit) oder wenn sie weniger als fünf Spieler zu Spielbeginn hat. In diesem Fall wird das Spiel 20:0 für die gegnerische Mannschaft gewertet.

Eine Mannschaft *verliert* ebenfalls das Spiel (trotz vermeintlich verbleibender Spielzeit), wenn sie weniger als zwei einsatzfähige Spieler auf dem Feld zur Verfügung hat. In seltenen Fällen kommt es vor, dass weniger als fünf Spieler spielen können, z. B. wenn sich alle anderen „ausgefoult" (je fünf Fouls) oder im Spiel verletzt haben und keine Ersatzspieler mehr vorhanden sind. Das Spiel wird dann abgebrochen und die Mannschaft, die nicht mehr über genug Spieler verfügt, verliert. Führt die andere Mannschaft zum Abbruch des Spiels, bleibt der Spielstand bestehen. Liegt die Mannschaft nicht in Führung, wird das Ergebnis 2:0 zu ihren Gunsten gewertet.

In beiden Fällen erhält die verlierende Mannschaft einen Wertungspunkt für die Klassifizierung. Bei einer Spielserie mit Hin- und Rückspiel oder „Best of Three" in den Playoffs verliert die Mannschaft darüber hinaus die komplette Serie.

3.5 REGELÜBERTRETUNGEN

3.5.1 Ausball

Ein Spieler ist im Aus, wenn ein Teil seines Körpers den Boden auf, über oder außerhalb der Grenzlinie berührt. Hat er gleichzeitig Ballkontakt, ist dies eine Regelübertretung. Der Ball ist im *Aus*, wenn er einen Spieler berührt, der sich im Aus befindet, den Boden auf, über oder außerhalb der Grenzlinie berührt oder wenn er die Korbanlage oder Rückseite des Bretts berührt. Der Ball wird dem Gegner zum Einwurf an der Stelle zuerkannt, wo der Ball ins Aus ging.

3.5.2 Doppeldribbling

Ein Spieler darf nach Beendigung seines ersten Dribblings kein zweites Mal dribbeln, es sei denn, er hat zwischendurch die Kontrolle über den Ball verloren. Letzteres kann infolge eines Korbwurfs, Berührens des Balls durch den Gegenspieler, eines Zuspiels zum Mitspieler oder *Fumblings** geschehen.

Ein *Doppeldribbling* liegt immer dann vor, wenn der Spieler den Ball nach dem Dribbeln mit beiden Händen gleichzeitig berührt, den Ball in einer Hand oder in beiden Händen zur Ruhe kommen lässt und danach erneut ein Dribbling ansetzt. Der Regelverstoß wird mit Einwurf an der Seitenlinie für die andere Mannschaft bestraft.

***Fumbling**

Es handelt sich um ein *Fumbling* („Herumfingern"), wenn ein Spieler ungewollt die Kontrolle über den Ball verliert und sie wiedererlangt.

3.5.3 Schaufeln

Es ist nicht erlaubt, den Ball während des Dribbelns zu schaufeln bzw. zu tragen („Carrying the Ball"). Mit *Schaufeln* ist gemeint, dass die Dribbelhand unterhalb des „Äquators" des Balls gehalten wird.

3.5.4 Schrittfehler

Ganz simpel erklärt: Wenn ein Spieler in der Bewegung, z. B. nach einem Dribbling, den Ball aufnimmt oder in der Bewegung einen Pass fängt, darf er noch zwei Schritte machen, bevor er zum Korbleger/Sprungwurf hochsteigt, den Ball weiterpasst oder zum Stopp kommt. Macht er einen dritten Schritt, ist das ein *Schrittfehler*. Aus dem Stand heraus darf der Spieler mit dem Ball in den Händen nur einen Schritt machen, bevor er stoppen, passen oder werfen muss.

Als Grundlage für die Schrittfehlerregel ist es wichtig, zu wissen, welcher Fuß der Standfuß ist, wenn ein Spieler mit beiden Füßen auf dem Boden steht. Der Fuß, der bei Ballannahme zuerst den Boden berührt, wird automatisch zum Standbein. Erhält der Spieler, mit beiden Füßen auf dem Boden stehend, den Ball, kann er sein Standbein frei wählen. Das Bein, welches er dann zuerst vom Boden abhebt, wird zum Spielbein und das andere zum Standbein.

Um ein Dribbling zu starten, darf der Standfuß nicht angehoben werden, bevor der Ball die Hand verlässt. Um zu passen oder einen Korb zu werfen, kann der Spieler von einem Standfuß abspringen, aber kein Fuß darf auf den Boden kommen, bevor der Ball die Hand verlässt.

Die komplexe Schrittfehlerregelung sieht weiterhin Folgendes vor: Erhält ein Spieler den Ball und will ein Dribbling beginnen, muss der Ball vor seinem zweiten Schritt seine Hand verlassen haben. Der erste Schritt findet statt, sobald ein Fuß oder beide Füße den Boden berühren, nachdem er Ballkontrolle erlangt hat. Der zweite Schritt nach dem ersten findet statt, sobald der andere Fuß oder beide Füße gleichzeitig den Boden berühren.

Kommt der Spieler bei seinem ersten Schritt zum Stopp und hat dabei beide Füße am Boden oder beide Füße berühren gleichzeitig den Boden, darf er einen Sternschritt machen und dabei seinen Standfuß frei wählen. Springt er dann mit beiden Füßen ab, muss der Ball seine Hände verlassen haben, bevor er wieder den Boden berührt.

Landet der Spieler zu seinem ersten Schritt auf einem Fuß, ist dies sein Standfuß. Springt der Spieler bei seinem ersten Schritt mit einem Fuß ab, darf er für seinen zweiten Schritt mit beiden Füßen gleichzeitig landen. Danach darf er mit keinem Fuß einen Sternschritt machen. Hebt er einen oder beide Füße vom Boden ab, darf kein Fuß wieder aufgesetzt werden, bevor der Ball die Hände des Spielers verlassen hat. Sind beide Füße über dem Boden und der Spieler landet gleichzeitig mit beiden Füßen, wird, sobald ein Fuß angehoben wird, der andere zum Standfuß.

Beendet ein Spieler sein Dribbling oder erlangt die Ballkontrolle, darf er den Boden nicht nacheinander mit demselben Fuß oder beiden Füßen gleichzeitig berühren.

Es ist legal, wenn ein Spieler mit dem Ball hinfällt und über den Boden rutscht oder die Ballkontrolle erlangt, während er auf dem Boden sitzt oder liegt. Allerdings ist es ein Schrittfehler*, wenn der Spieler mit dem Ball anschließend über den Boden rollt oder versucht, aufzustehen.

***Anpassung der Schrittfehlerregel**

Diese FIBA-Regel ist relativ neu. 2017 hat sich die FIBA der NBA angepasst, sodass es seitdem eine weltweit einheitliche Schrittfehlerregel gibt.

Die Neuerung sah Folgendes vor: Erhält ein Spieler den Ball in der Bewegung oder beendet sein Dribbling und hat in beiden Fällen bei der Ballaufnahme einen Fuß auf dem Boden, ist (erst) der nächste Fuß, der den Boden berührt, der erste Schritt und wird zum Standfuß.

Das heißt, es ist vor dem Dribbling ein „First Step" erlaubt! Jahrzehnte hielt der Weltverband FIBA an der Regel fest, dass der Ball schon vor bzw. während des ersten Schritts gedribbelt werden musste. Die Regelanpassung macht das Spiel noch schneller und kommt natürlich allen Spielern entgegen, die ihre Basketballfertigkeiten in Amerika gelernt haben.

In der NBA ist der „First Step" gang und gäbe. Die Schrittfehlerregel wurde somit gelockert. Die in Europa spielenden amerikanischen Spieler profitieren von dieser Regelanpassung sehr, da sie ihr gewohntes Bewegungsmuster durchführen können, statt einen Schrittfehler gepfiffen zu bekommen.

3.5.5 Drei-Sekunden-Regel

Die *Drei-Sekunden-Regel* steht in Verbindung mit der gegnerischen Zone – der rechteckige, 5,80 m x 4,90 m große Bereich vor dem Korb. Ein Angriffsspieler darf sich nicht länger als drei Sekunden in der Zone des Gegners aufhalten (ob mit oder ohne Ball), wenn seine Mannschaft in Ballbesitz ist. Der Spieler hat die Zone erst dann verlassen, wenn er mit beiden Füßen außerhalb der Markierung ist.

Nachsicht ist mit einem Spieler zu üben, wenn er versucht, die Zone zu verlassen, sein Mitspieler eine Wurfaktion macht oder der Spieler selbst zum Korb dribbelt, um zu werfen.

3.5.6 Fünf-Sekunden-Regel

Die *Fünf-Sekunden-Regel* gilt, wenn ein Spieler nah bewacht wird. Er gilt als nah bewacht, wenn er einen Ball hält und sich sein Verteidiger nicht weiter als 1 m von ihm entfernt in legaler Verteidigungsposition befindet. Ein nah bewachter Spieler muss den Ball innerhalb von fünf Sekunden passen, werfen oder dribbeln.

3.5.7 Acht-Sekunden-Regel

Eine Mannschaft muss innerhalb von *acht Sekunden* den Ball in ihr Vorfeld spielen. Die acht Sekunden beginnen, sobald ein Spieler in seinem Rückfeld Kontrolle über einen lebendigen Ball erlangt. Das geschieht beim Einwurf, z. B. nach Korberfolg des Gegners von der eigenen Endlinie oder von der Seitenlinie nach einer Regelübertretung oder einem Foul.

Der Ball ist im Vorfeld, sobald der Ball den Boden des Vorfelds berührt oder wenn er einen Spieler berührt, der sich mit beiden Beinen im Vorfeld befindet (z. B. Pass zum Mitspieler im Vorfeld). Während eines Dribblings vom Rückfeld ins Vorfeld müssen beide Füße des Dribblers im Vorfeld sein, bevor die acht Sekunden abgelaufen sind.

3.5.8 24-Sekunden-Regel

24 Sekunden hat eine Mannschaft Zeit, einen Angriff abzuschließen, das heißt, auf den Korb zu werfen. Die verbleibende Angriffszeit wird von der sogenannten *Shot Clock* (Wurfuhr) angezeigt. Der Ball muss in den Korb fallen oder zumindest den Ring berühren, damit es bei Ablauf der 24 Sekunden zu keiner Regelübertretung kommt. Trifft der Ball beispielsweise nur das Netz oder Brett oder wirft der Spieler einen Airball, zählt es nicht.

Um einen Wurf innerhalb von 24 Sekunden zu verwirklichen, muss der Ball die Hände verlassen haben, bevor die Uhr abgelaufen ist und das akustische Signal ertönt. Das bedeutet auch, dass ein erfolgreicher Korb zählen würde, wenn das akustische Signal der 24 Sekunden ertönt, obwohl der Ball noch in der Flugphase zum Korb ist. Das Spiel geht auch ohne Unterbrechung weiter, wenn der Ball nach dem Signal den Ring berührt oder die verteidigende Mannschaft sofort in Ballbesitz kommt. In diesen Fällen wird das Signal nicht beachtet.

14 Sekunden: Wird das Spiel vom Schiedsrichter gestoppt (durch Foul oder Regelübertretung der nicht ballkontrollierenden Mannschaft; nicht Ausball!) und die angreifende Mannschaft war im Vorfeld in Ballbesitz, wird die Angriffszeit auf 14 Sekunden zurückgesetzt, wenn 13 oder weniger Sekunden auf der *Shot Clock* waren. Sind mehr als 14 Sekunden verbleibend, wird die Uhr nicht zurückgesetzt, sondern die Angriffszeit wird an der Stelle, an der sie gestoppt wurde, fortgesetzt. Nach einem Wurfversuch mit Ringberührung und anschließendem Offensivrebound der angreifenden Mannschaft wird die Wurfuhr ebenfalls auf 14 Sekunden zurückgesetzt.

Wechselt durch einen Einwurf die Ballkontrolle, z. B. weil die bisher angreifende Mannschaft einen Schrittfehler begangen hat, erhält die nun angreifende Mannschaft 24 Sekunden, wenn der Einwurf in ihrem Rückfeld erfolgt; 14 Sekunden, wenn der Einwurf in ihrem Vorfeld erfolgt.

Die Angriffszeit nach neuem Ballbesitz ist für die angreifende Mannschaft also verkürzt, wenn sie durch einen Einwurf bereits in ihrem Vorfeld ist. Die Anzahl der Korbwürfe in einem Spiel soll dadurch weiter erhöht werden. Die angreifende Mannschaft bekommt bei einem Einwurf im Vorfeld also nie neue 24 Sekunden auf der Wurfuhr. Das war bis 2018 im Regelwerk noch anders.

Die bisher ballkontrollierende Mannschaft erhält nach einem von der gegnerischen Mannschaft verursachten Ausball immer nur die Restzeit auf der Wurfuhr. Dies ist unabhängig davon, ob der Einwurf im Rück- oder Vorfeld ausgeführt wird und gilt auch in den letzten zwei Minuten.

3.5.9 Rückspiel

Eine Mannschaft, die den Ball in ihrem Vorfeld kontrolliert, darf nicht mehr zurück ins Rückfeld passen oder dribbeln. Sonst ist es *Rückspiel* und bedeutet Einwurf für den Gegner.

3.5.10 Goaltending und Stören des Balls

Ein Spieler begeht *Goaltending* bei einem Wurf, wenn sich der Ball vollständig über Ringniveau befindet und er den Ball berührt, während dieser im Abwärtsflug zum Korb ist oder nachdem er das Brett berührt hat. Erst wenn der Ball den Ring berührt hat oder offensichtlich nicht mehr in den Korb gehen wird, darf der Verteidiger den Ball berühren.

Stören des Balls ist ebenfalls eine Regelübertretung. Der Verteidiger darf während der Flugphase des Balls nicht das Brett berühren oder von unten durch den Ring greifen, um das Durchfallen des Balls zu verhindern. Außerdem darf der Verteidiger während der Korbwurfaktion das Brett oder den Ring nicht in Schwingung bringen oder sich am Ring festhalten. Beachtet der Verteidiger die Regel nicht, zählt der Korb – unabhängig davon, ob der Ball reingegangen wäre oder nicht.

3.6 FOULS

Ein *Foul* ist eine Regelverletzung, die persönlichen Kontakt mit einem Gegner und/oder unsportliches Verhalten beinhaltet.

3.6.1 Kontakt: Allgemeine Richtlinien

Legale Verteidigungsposition

Ein Verteidiger nimmt eine *legale Verteidigungsposition* ein, wenn er seinem Gegenspieler frontal gegenübersteht und beide Füße auf dem Boden hat. Die legale Verteidigungsposition erstreckt sich auch auf den gesamten Raum über ihm innerhalb eines gedachten Zylinders. Der Verteidiger darf seine Arme und Hände über den Kopf heben oder senkrecht hochspringen, muss sie jedoch in einer senkrechten Position innerhalb des gedachten Zylinders halten.

Der *Zylinder* wird begrenzt nach vorne durch die Handflächen, nach hinten durch die Rückseite des Gesäßes und zu den Seiten durch die Außenseiten seiner Arme und Beine. Die Hände und Arme dürfen nach vorne nicht weiter als die Füße vorgestreckt werden, wobei die Arme an den

Ellbogen so angewinkelt sein müssen, dass Unterarme und Hände senkrecht gehalten werden.

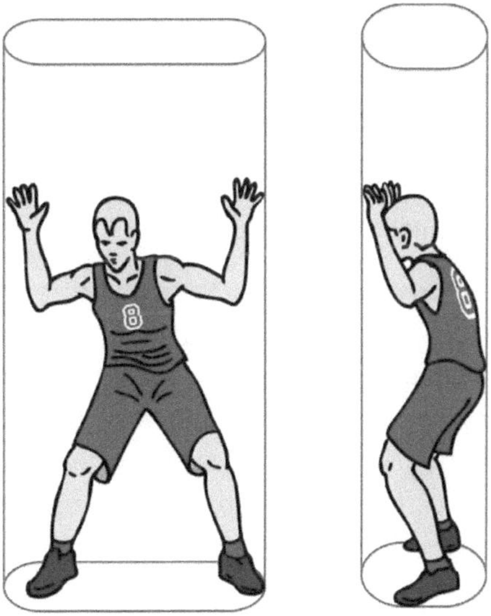

Abb. 4: Zylinderprinzip

Einen Spieler verteidigen, der den Ball hat

Hat der Verteidiger seine legale Verteidigungsposition eingenommen, darf er sich bewegen, um seinen Gegenspieler zu verteidigen. Er darf aber den Dribbler nicht durch Ausstrecken seiner Arme, Schultern, Hüften oder Beine am Vorbeikommen hindern. Der Verteidiger darf stehen bleiben, senkrecht hochspringen oder sich seitlich oder rückwärts bewegen. Der Spieler mit Ball (Angreifer) muss jederzeit in der Lage sein, im Bruchteil einer Sekunde anzuhalten oder seine Richtung zu ändern, sobald sein Verteidiger eine legale Verteidigungsposition vor ihm einnimmt.

Entsteht ein Kontakt auf der Körpervorderseite des Verteidigers, ist davon auszugehen, dass der Verteidiger seine Position als Erster eingenommen hat. In dem Fall begeht der angreifende Spieler mit Ball ein Offensivfoul.

Einen Spieler verteidigen, der den Ball nicht hat

Ein Verteidiger darf keine Position in der Bahn eines sich bewegenden Gegenspielers einnehmen, die so nahe und/oder so schnell eingenommen wird, dass dieser nicht genügend Zeit und Abstand hat, anzuhalten oder seine Richtung zu ändern. Kommt es zum Körperkontakt, ist der Verteidiger für den Kontakt verantwortlich und begeht damit ein Foul.

Ein Spieler, der sich in der Luft befindet

Ein Spieler darf auf dem Feld hochspringen, wo er möchte und dort landen, wo zum Zeitpunkt des Absprungs noch niemand stand. Springt ein Spieler und verursacht bei der Landung einen Kontakt mit einem Gegenspieler, der in der Nähe des Landeplatzes eine legale Verteidigungsposition einnimmt, ist der Springer für diesen Kontakt verantwortlich und begeht ein Foul. Ein Gegenspieler darf sich nicht in die Bahn eines Spielers begeben, nachdem dieser abgesprungen ist. Bewegt sich ein Spieler unter einen Spieler, der sich in der Luft befindet und es kommt zum Kontakt, ist dies ein unsportliches Foul.

Sperren

Sperren ist der Versuch eines Spielers, einen Gegenspieler ohne Ball daran zu hindern, eine gewünschte Position auf dem Feld einzunehmen oder dies zu verzögern. Es gibt *legales* und *illegales* Sperren.

Ein Spieler sperrt einen Gegenspieler *legal*, falls er innerhalb seines Zylinders steht oder beide Füße auf dem Boden hat, wenn es zum Kontakt kommt. Ein Spieler sperrt einen Gegenspieler *illegal*, falls er sich bewegt oder beim Stellen der Sperre außerhalb des Sichtfeldes eines stehenden Gegenspielers nicht genug Platz lässt, wenn es zum Kontakt kommt.

Im direkten Sichtfeld eines stehenden Gegenspielers darf die Sperre ohne Kontakt so nahe sein, wie gewünscht. Außerhalb des Sichtfeldes muss der sperrende Spieler dem Gegenspieler mindestens einen Schritt Abstand lassen. Ist der Gegenspieler in Bewegung, muss ihm der sperrende Spieler genug Platz lassen (1-2 Schritte), damit eine Kontaktvermeidung durch Abstoppen oder Richtungswechsel möglich ist. Ein Spieler, der legal gesperrt wird, ist verantwortlich für jeden Kontakt (Foul) mit dem sperrenden Spieler.

Blockieren

Blockieren ist ein regelwidriger persönlicher Kontakt durch Behindern der Fortbewegung eines Gegenspielers (mit oder ohne Ball). Ein Spieler, der zu blockieren versucht und sich dabei bewegt, begeht ein Foul, wenn es zum Kontakt kommt. Die Arme des Verteidigers müssen innerhalb seines Zylinders bleiben. Stoßen (Pushing), Rempeln (Charging) oder Halten ist natürlich ebenfalls nicht erlaubt.

Kontakt mit Hand/Händen und/oder Arm(en) an einem Gegenspieler

Einen Gegenspieler mit einer oder beiden *Händen* zu berühren, ist nicht unbedingt ein Foul. Die Schiedsrichter müssen entscheiden, ob der Spieler durch den Kontakt einen unfairen Vorteil erlangt hat und die Bewegungsfreiheit des Gegenspielers einschränkt. Sobald der Gegenspieler den Ball hat, ist es nicht mehr erlaubt, ihn mit den Händen zu berühren.

Einen Gegenspieler wiederholt kurz zu berühren („sticheln"), ist ebenfalls ein Foul, da dies provoziert und eskalieren kann. Ein Angriffsspieler mit Ball begeht ein Foul, wenn er sich beim Verteidiger einhakt oder einen Arm um ihn legt, um dadurch einen Vorteil zu erlangen. Er darf den Verteidiger auch nicht wegstoßen, um ihn daran zu hindern, an den Ball zu kommen.

Außerdem darf der Dribbler nicht mit ausgestrecktem Unterarm oder seiner Hand seinen Verteidiger daran hindern, Ballkontrolle zu erlangen. Ein Angriffsspieler ohne Ball begeht ein Foul, wenn er seinen Gegenspieler wegstößt, um für ein Zuspiel frei zu sein oder um mehr Platz für sich zu gewinnen.

Halten

(Fest-)Halten des Gegenspielers, einerlei, mit welchem Körperteil, ist ein Foul. Denn es behindert seine Bewegungsfreiheit.

Stoßen (Pushing)

(Weg-)Stoßen des Gegenspielers mit irgendeinem Körperteil ist ein Foul. Auch der Versuch, den Gegenspieler unter Krafteinsatz aus seiner Position zu drängen, ist ein Foul.

Einhaken (Hooking)

Ein Spieler darf sich nicht bei einem Gegenspieler *einhaken*.

Kopfschlag (Hit on the Head)

Ein Spieler darf einen Gegenspieler nicht am *Kopf* berühren.

Übermäßiges Schwingen des Ellbogens

Ein Spieler darf seinen *Ellbogen* nicht übermäßig schwingen, wenn ein Gegenspieler in der Nähe ist. Selbst wenn es nicht zum Kontakt kommt, wird in der Regel ein (technisches) Foul gepfiffen.

Handchecking

Wenn ein Spieler in Ballbesitz ist, darf ein Verteidiger keine *Hand* am Körper des Angreifers haben, um diesen in der Fortbewegung einzuschränken.

Rempeln (Charging)

Charging ist regelwidriger persönlicher Kontakt durch Stoßen oder Hineinbewegen in den Körper eines Gegenspielers (mit oder ohne Ball). Rempelt ein Spieler, der in Ballbesitz ist, handelt es sich um ein Angreifer- bzw. Offensivfoul.

No-Charge-Halbkreisbereich

Unterhalb des Korbs befinden sich *Halbkreise*. Sie kennzeichnen einen speziellen Bereich zur Beurteilung von Charge-Block-Situationen unter dem Korb (Offensivfouls). Verursacht der Angreifer innerhalb dieses Halbkreisbereichs einen Kontakt, wenn er sich in der Luft befindet, wirft oder passt, so begeht er kein Offensivfoul, wenn sich der Verteidiger mit mindestens einem Fuß innerhalb des *No-Charge-Halbkreisbereichs* befindet. Voraussetzung ist, dass der Angreifer sich dabei keinen Platz mit seinen Händen, Armen oder Beinen verschafft.

Aufposten

Beim *Aufposten* oder *Post Play*, das heißt, Angriffsspiel mit dem Rücken zum Korb, gilt das Zylinderprinzip. Es ist ein Foul, wenn der Spieler, der mit dem Rücken zum Korb angreift, seinen Gegenspieler mit Schulter, Arm, Hüfte oder sonstigen Körperteilen aus dessen Position wegdrängt oder dessen Bewegungsfreiheit einschränkt. Gleiches gilt für den Verteidiger.

Regelwidriges Verteidigen im Rücken eines Spielers

Ein Verteidiger darf seinen Gegenspieler nicht von *hinten* berühren, wenn er hinter ihm steht.

Foul vortäuschen (Fake)

Der *Fake* im Basketball ist wie die *Schwalbe* im Fußball. Vortäuschen ist jede Handlung eines Spielers, der simuliert, gefoult worden zu sein oder der theatralische Bewegungen macht, um ein Foul vorzutäuschen. Als Strafe fürs Vortäuschen gibt es (gegebenenfalls nach einer Verwarnung) ein technisches Foul.

3.6.2 Persönliches Foul

Ein Spieler bekommt ein *persönliches Foul* gepfiffen, wenn er regelwidrig seinen Gegenspieler hält, blockiert, stößt, rempelt, ein Bein stellt oder dessen Fortbewegung mit irgendeinem Körperteil behindert. Wird das Foul an einem Spieler begangen, der nicht in der Korbwurfaktion ist, wird das Spiel mit Einwurf für die Mannschaft des gefoulten Spielers in der Nähe der Stelle des Fouls fortgesetzt.

Hat die Mannschaft bereits die Mannschaftsfoulgrenze überschritten (mehr als vier Teamfouls), erhält der gefoulte Spieler zwei Freiwürfe. Wird das Foul an einem Spieler begangen, der in der Korbwurfaktion ist, erhält der Spieler in jedem Fall Freiwürfe:

- ★ Ist der Wurf erfolgreich, zählt der Korb und es gibt zusätzlich einen Freiwurf (Bonusfreiwurf).
- ★ Geht der Wurf aus dem Zwei-Punkte-Bereich nicht in den Korb, gibt es zwei Freiwürfe.
- ★ Geht der Wurf aus dem Drei-Punkte-Bereich nicht in den Korb, gibt es drei Freiwürfe.
- ★ Findet das Foul gleichzeitig mit oder kurz vor Ablauf der Spieluhr oder 24-Sekunden-Uhr statt und der Ball befindet sich noch in den Händen des Spielers, zählt ein anschließender Korb nicht. Der Spieler erhält zwei Freiwürfe.

3.6.3 Doppelfoul

Ein *Doppelfoul* ist eine Situation, in der zwei Gegenspieler zum annähernd gleichen Zeitpunkt ein persönliches Foul begehen. Bedingung ist, dass die Fouls persönlichen Kontakt beinhalten und die gleiche Strafe zur Folge haben. In diesem Fall bekommen beide Spieler ein persönliches Foul angehängt. Da sich die Strafen ausgleichen, gibt es keine Freiwürfe.

Es gibt Einwurf für die Mannschaft, die zum Zeitpunkt des Doppelfouls in Ballkontrolle war. Hat die Mannschaft während des Doppelfouls einen Korb erzielt, zählt der Korb und es gibt Einwurf an der Endlinie für die andere Mannschaft. War keine Mannschaft zum Zeitpunkt des Doppelfouls in Ballkontrolle, entsteht eine Sprungballsituation. Das heißt, es wird sich nach dem Einwurfpfeil (siehe Kap. 3.4.4) gerichtet. Es bekommt dann die Mannschaft den Einwurf, in deren Richtung der Pfeil zeigt.

3.6.4 Technisches Foul

Ein *technisches Foul* ist ein Foul ohne Körperkontakt, sondern stattdessen unfaires Verhalten. Technische Fouls können gegen einzelne Spieler, den Trainer oder die Mannschaftsbank verhängt werden. Ein Schiedsrichter kann technischen Fouls vorbeugen, indem er *Verwarnungen* ausspricht. Zu den technischen Fouls gehören:

- ★ respektloser Umgang mit den Schiedsrichtern, Kampfrichtern oder Personen auf der Mannschaftsbank;
- ★ respektloses Anreden von Schiedsrichtern, Kampfrichtern oder gegnerischen Spielern;
- ★ Redensarten oder Gesten, die Zuschauer beleidigen;
- ★ Hetzen oder Verspotten des Gegners;
- ★ Behindern des Sichtfeldes eines Gegners durch Winken mit den Händen in der Nähe seiner Augen;
- ★ heftiges Schwingen mit den Ellbogen;
- ★ Spielverzögerung durch absichtliches Berühren des Balls nach Korberfolg oder Verhindern der sofortigen Ausführung eines Einwurfs;
- ★ Ignorieren von Verwarnungen der Schiedsrichter;
- ★ Goaltending bei einem Freiwurf;
- ★ sich mit vollem Gewicht am Ring festhalten (es sei denn, es geschieht, um andere Spieler vor einer Verletzung zu schützen).

Als Strafe für ein technisches Foul gibt es einen Freiwurf für die gegnerische Mannschaft. Danach erhält die Mannschaft den Einwurf, die zum Zeitpunkt des Fouls in Ballkontrolle war. Der Einwurf findet in der Nähe der Stelle des technischen Fouls statt. Ein technisches Foul zählt zu den Mannschaftsfouls, es sei denn, es wird gegen die Mannschaftsbank oder den Trainer verhängt. Ein Spieler wird für den Rest des Spiels disqualifiziert, wenn er zwei technische Fouls oder zwei unsportliche Fouls oder ein unsportliches und ein technisches Foul begangen hat.

Auch der Trainer wird disqualifiziert, wenn er ein zweites technisches Foul bekommt. Bei einer Disqualifikation muss der Spieler bzw. Trainer die Halle verlassen, bevor das Spiel fortgesetzt wird.

3.6.5 Unsportliches Foul

Ein *unsportliches Foul* ist ein Foul mit überhartem oder sinnlosem Körperkontakt. Dazu gehören:

★ Kontakt mit einem Spieler, obwohl es keine legitime Chance gibt, unmittelbar den Ball zu spielen;

★ ein übermäßig harter Kontakt durch einen Spieler, um an den Ball zu gelangen;

★ ein unnötiger Kontakt durch den Verteidiger, um den Fortschritt des Offensivteams zu stoppen;

★ ein Kontakt durch den Verteidiger von hinten oder von der Seite mit dem Angreifer, um zu versuchen, einen Schnellangriff (Fast Break) zu stoppen und es keine Verteidiger zwischen dem Angreifer und dem gegnerischen Korb gibt;

★ Kontakt durch den Verteidiger mit einem Gegner auf dem Spielfeld während der letzten zwei Spielminuten und in jeder Verlängerung, wenn der Ball beim Einwurf noch in den Händen des Schiedsrichters oder des einwerfenden Spielers ist.

Bei einem unsportlichen Foul gegen einen Spieler erhält der gefoulte Spieler Freiwürfe, gefolgt von einem Einwurf von der Mittellinie gegenüber vom Anschreibertisch.

Die Anzahl der Freiwürfe ergibt sich wie folgt: Wurde das Foul an einen Spieler begangen, der sich nicht in der Korbwurfaktion befand, gibt es zwei Freiwürfe. War der Spieler in einer Korbwurfaktion, zählt der Korb, wenn der Ball reingeht und es gibt zusätzlich einen Freiwurf. War der Spieler in einer Korbwurfaktion, aber der Ball verfehlt den Korb, gibt es zwei oder drei Freiwürfe (bei Dreierversuch). Bei zwei unsportlichen Fouls wird ein Spieler für den Rest des Spiels disqualifiziert.

3.6.6 Disqualifizierendes Foul

Ein *disqualifizierendes Foul* ist jedes offenkundig unsportliche Verhalten eines Spielers, Auswechselspielers, Cheftrainers, Trainerassistenten, ausgeschlossenen Spielers und Delegationsmitglieds. Es handelt sich dabei meistens um Ausschreitungen oder Schlägereien, die im Widerspruch zu Sportgeist und Fair Play stehen.

Die Schiedsrichter müssen sofort einschreiten (gegebenenfalls mit Hilfe der Ordnungskräfte), um die Ausschreitung zu stoppen. Alle Personen, die für gewalttätige Angriffe auf Gegenspieler oder Schiedsrichter verantwortlich sind oder Ausrüstungsgegenstände beschädigen, werden disqualifiziert.

Nachdem sich alle Beteiligten beruhigt haben, schauen sich die Schiedsrichter meist das Replay (Videobeweis) an, bevor die einzelnen Strafen verhängt werden. Damit rekapitulieren die Schiedsrichter den Tumult und machen alle verantwortlichen Personen ausfindig.

Spieler auf der Mannschaftsbank dürfen bei einer Auseinandersetzung auf dem Spielfeld nicht die Bank verlassen, um z. B. an einer Schlägerei auf dem Spielfeld mitzuwirken oder auch, um nur zu schlichten. Betritt ein Bankspieler unerlaubt das Feld, wird er disqualifiziert.

Ein disqualifizierter Spieler muss sich für die restliche Dauer des Spiels im Umkleideraum seiner Mannschaft aufhalten. Auf Wunsch kann er auch die Halle verlassen. Als Strafe für das disqualifizierende Foul bekommt der gefoulte Spieler Freiwürfe.

Bei einem disqualifizierenden Foul ohne Körperkontakt kann sich der Trainer der gegnerischen Mannschaft einen Freiwerfer aussuchen. Die Anzahl der Freiwürfe ergibt sich wie beim unsportlichen Foul (siehe oben). Anschließend folgt ein Einwurf von der Mittellinie.

3.7 ALLGEMEINE VORSCHRIFTEN

3.7.1 Fünf Fouls eines Spielers

Wenn ein Spieler *fünf Fouls* begangen hat (einerlei, welche), scheidet er aus dem Spiel aus. Nachdem er vom Schiedsrichter darüber informiert wurde, muss er innerhalb von 30 Sekunden das Spielfeld verlassen und durch einen anderen Spieler ersetzt werden.

3.7.2 Teamfouls: Strafe

Die *Mannschaftsfoulgrenze* ist erreicht, sobald eine Mannschaft innerhalb eines Viertels vier Spielerfouls begangen hat. Alle nachfolgenden persönlichen Fouls werden mit zwei Freiwürfen bestraft (anstelle eines Einwurfs) – das heißt, unabhängig davon, ob sich ein Spieler in der Korbwurfaktion befand. In seltenen Fällen kommt es vor, dass Fouls in einer Pause begangen werden. Dann werden diese der folgenden Spielperiode zugerechnet. In der Verlängerung werden die Teamfouls aus dem vierten Viertel übernommen.

3.7.3 Freiwürfe

Ein *Freiwurf* ist ein ungehinderter Wurf hinter der Freiwurflinie (4,23 m vom Mittelpunkt des Rings entfernt). Der Freiwerfer muss nicht unbedingt an der Linie stehen, sondern kann von überall innerhalb des Halbkreises werfen, ohne mit den Füßen die Linien zu berühren. Wie er wirft, spielt keine Rolle. Theoretisch ist auch ein Unterhandwurf, Hakenwurf oder Sprungwurf möglich, jedoch kommt das in der Regel im Leistungssport nicht vor.

Einzige Bedingung: Der Ball muss von oben in den Korb gehen oder den Ring berühren. Für einen Freiwurf hat ein Spieler fünf Sekunden Zeit, nachdem er den Ball vom Schiedsrichter übergeben bekommen hat. Ein Freiwurf darf nicht angetäuscht werden.

Es führt immer der Spieler die Freiwürfe aus, der gefoult wurde. Soll er ausgewechselt werden, muss er die Freiwürfe werfen, bevor er das Spielfeld verlässt. Scheidet der Spieler, der die Freiwürfe ausführen soll, aus, z. B. aufgrund einer Verletzung, muss der für ihn eintretende Ersatzspieler die Freiwürfe ausführen.

Die Spieler auf den Reboundpositionen stellen sich am Zonenrand zwischen den Markierungen abwechselnd auf – auf der einen Seite drei Spieler, auf der anderen zwei. Die verteidigende Mannschaft steht mit ihren Spielern am nächsten zum Korb. Daneben steht auf beiden Seiten ein Angreifer sowie auf einer der beiden Seiten ein weiterer Verteidiger.

Es stehen also insgesamt fünf Spieler am Zonenrand – drei Verteidiger und zwei Angreifer. Die Rebounder dürfen erst die Zone betreten, sobald der Ball die Hand des Freiwerfers verlassen hat. Außerdem dürfen die Rebounder den Freiwerfer durch ihr Verhalten nicht stören (Fair Play).

Tritt ein Freiwerfer während des Wurfs auf die Linie, zählt der Punkt nicht. Bei einem erfolgreichen Freiwurf und einer Regelübertretung durch einen anderen Spieler als den Freiwerfer, gilt, dass der Freiwurf zählt und die Regelübertretung nicht beachtet wird. Ist der Freiwurf nicht erfolgreich und ein Gegenspieler begeht eine Regelübertretung, indem er z. B. zu früh in die Zone tritt, wird der Freiwurf wiederholt. Begeht ein Teamkollege eine Regelübertretung beim letzten oder einzigen Freiwurf, erhält die gegnerische Mannschaft einen Einwurf an der Seitenlinie in Höhe der Freiwurflinie.

3.8 SCHIEDSRICHTER, KAMPFRICHTER, TECHNISCHER KOMMISSAR: AUFGABEN UND ZUSTÄNDIGKEITEN

3.8.1 Schiedsrichter, Kampfrichter und Technischer Kommissar

Es gibt einen *ersten Schiedsrichter* und einen oder zwei weitere Schiedsrichter, die von den *Kampfrichtern* und von einem *Kommissar* (wenn vorhanden) unterstützt werden. Die Kampfrichter sind der *Anschreiber, Anschreiberassistent, Zeitnehmer* und *24-Sekunden-Zeitnehmer.* Der Kommissar sitzt zwischen Anschreiber und Zeitnehmer. Seine Aufgaben während des Spiels bestehen hauptsächlich in der Überwachung der Arbeit der Kampfrichter und in der Unterstützung der Schiedsrichter, damit ein reibungsloser Ablauf des Spiels gewährleistet ist.

Die Schiedsrichter sind neutral, das heißt, sie sollen in keiner Weise mit einer der auf dem Spielfeld vertretenen Mannschaft in Verbindung stehen. Die Schiedsrichter, Kampfrichter und der Kommissar leiten das Spiel nach den offiziellen Regeln und dürfen keine Änderungen der Regeln zulassen.

Die Schiedsrichterkleidung besteht aus einem offiziellen Schiedsrichterhemd, einer langen schwarzen Hose, schwarzen Socken und schwarzen Schuhen. Zwischen allen Beteiligten ist eine gute Kommunikation wichtig.

3.8.2 Erster Schiedsrichter („Crew Chief“)

Der *erste Schiedsrichter* wird auch *Crew Chief* genannt. Er ist also der Chef der Schiedsrichtercrew. Das heißt, er hat das letzte Wort und kann gegebenenfalls auch Entscheidungen seiner Kollegen „überstimmen", wenn es Uneinigkeit untereinander gibt.

Der erste Schiedsrichter hat viele Aufgaben. Vor einer Partie prüft er die Spielausrüstung und bestimmt den Spielball aus mindestens zwei gebrauchten Bällen, die von der Heimmannschaft zur Verfügung gestellt werden. Er sucht sich den qualitativ besten Ball aus. Der Crew Chief darf keinem Spieler das Tragen von Gegenständen erlauben, die zu Verletzungen führen können. Er ist zuständig für den Sprungball zu Spielbeginn und für den Einwurf zu Beginn aller anderen Viertel und Verlängerungen. Er hat das Recht, ein Spiel abzubrechen, wenn dies die Umstände rechtfertigen. Er kontrolliert sorgfältig den Anschreibebogen nach Spielende bzw. wann immer er es für notwendig hält. Außerdem genehmigt er mit seiner Unterschrift den Anschreiberbogen nach Spielende. Auf der Rückseite notiert er zur Erklärung gegebenenfalls harte Strafen und disqualifizierende Fouls.

Der Crew Chief kann auch vom *Instant Replay* (Videobeweis) Gebrauch machen, wenn er sich bei einer Entscheidung nicht sicher ist. Bei der Sichtung des Videomaterials kann er einen Schiedsrichterkollegen um Unterstützung bitten. Legt eine Mannschaft Protest ein, weil sie mit dem Ergebnis nicht einverstanden ist, muss der erste Schiedsrichter den Vorfall nach Erhalt der Protestgründe schriftlich der zuständigen spielleitenden Stelle melden.

3.8.3 Schiedsrichter

Neben all den bekannten Pflichten und Rechten der *Schiedsrichter* sind auch die folgenden Grundsätze von Bedeutung.

Bei der Beurteilung von persönlichen Kontakten oder Regelübertretungen ist Fingerspitzengefühl der Schiedsrichter wichtig. Dazu gehört eine Gleichmäßigkeit in der Anwendung des „Vorteil-Nachteil-Prinzips". Die Schiedsrichter sollten mit ihren Pfiffen den Spielfluss nicht unnötig unterbrechen, indem sie einen zufälligen Kontakt bestrafen, der weder dem dafür verantwortlichen Spieler einen Vorteil bringt noch seinen Gegenspieler benachteiligt.

Die Schiedsrichter sollten bei allen Entscheidungen ihren gesunden Menschenverstand benutzen. Sie sollten darüber hinaus ein Gleichgewicht zwischen Spielkontrolle und Spielfluss hinbekommen und „Gefühl" für das mitbringen, was die am Spiel Beteiligten gerade beabsichtigen und das Pfeifen, was für das Spiel das Richtige ist.

Jeder Schiedsrichter hat das Recht, Entscheidungen im Rahmen seiner Pflichten zu treffen, hat aber nicht die Befugnis, die Entscheidungen des anderen Schiedsrichters aufzuheben oder infrage zu stellen. Bei Uneinigkeit der Schiedsrichter trifft der erste Schiedsrichter die abschließende Entscheidung.

3.8.4 Anschreiber und Anschreiberassistent

Der *Anschreiber* trägt auf dem Anschreibebogen die Namen und Spielernummern aller Spieler, die das Spiel beginnen sowie aller Ersatzspieler ein. Er trägt das laufende Ergebnis aufgrund der erzielten Körbe ein. Er trägt die verhängten Fouls gegen Spieler und Trainer ein. Es ist außerdem seine Pflicht, den Schiedsrichter über ein fünftes Foul eines Spielers zu informieren, damit dieser ausgeschlossen wird. Das Gleiche gilt für zwei technische bzw. unsportliche Fouls, die zum Ausschluss führen.

Bei der nächsten Auszeitmöglichkeit muss der Anschreiber die Schiedsrichter benachrichtigen, wenn eine Mannschaft eine Auszeit beantragt hat. Darüber hinaus bedient er den Einwurfanzeiger für den wechselnden Ballbesitz. Der Anschreiber stellt die Richtung des Einwurfanzeigers unmittelbar nach Ende der ersten Halbzeit um, da die Mannschaften zu Beginn der zweiten Halbzeit die Spielrichtung wechseln.

Bei jedem Foul zeigt der Anschreiber die Anzahl der von einem Spieler begangenen Fouls mit einer Foultafel an, damit dies die Trainer gut erkennen können. Außerdem stellt er nach dem vierten Teamfoul den Anzeiger für die Mannschaftsfouls auf (z. B. einen Kegel oder eine Fahne). Der Anschreiber informiert die Schiedsrichter auch über beantragte Spielerwechsel.

FIBA
We Are Basketball

FEDERATION INTERNATIONALE DE BASKETBALL
INTERNATIONAL BASKETBALL FEDERATION
SCORESHEET

Team A ______________________ Team B ______________________

Competition _______ Date _________ Time _________ Crew chief ______________________
Game No. _______ Place ______________________ Umpire 1 ___________ Umpire 2 ___________

Team A ______________________
Time-outs ☐☐ ☐☐☐ ☐☐☐
Team fouls
Quarter ① 1 2 3 4 ② 1 2 3 4
Quarter ③ 1 2 3 4 ④ 1 2 3 4
Overtimes

Licence no.	Players	No.	Player in	Fouls 1	2	3	4	5
Head coach								
First assistant coach								

Team B ______________________
Time-outs ☐☐ ☐☐☐ ☐☐☐
Team fouls
Quarter ① 1 2 3 4 ② 1 2 3 4
Quarter ③ 1 2 3 4 ④ 1 2 3 4
Overtimes

Licence no.	Players	No.	Player in	Fouls 1	2	3	4	5
Head coach								
First assistant coach								

RUNNING SCORE

A	B	A	B	A	B	A	B
1	1	41	41	81	81	121	121
2	2	42	42	82	82	122	122
3	3	43	43	83	83	123	123
4	4	44	44	84	84	124	124
5	5	45	45	85	85	125	125
6	6	46	46	86	86	126	126
7	7	47	47	87	87	127	127
8	8	48	48	88	88	128	128
9	9	49	49	89	89	129	129
10	10	50	50	90	90	130	130
11	11	51	51	91	91	131	131
12	12	52	52	92	92	132	132
13	13	53	53	93	93	133	133
14	14	54	54	94	94	134	134
15	15	55	55	95	95	135	135
16	16	56	56	96	96	136	136
17	17	57	57	97	97	137	137
18	18	58	58	98	98	138	138
19	19	59	59	99	99	139	139
20	20	60	60	100	100	140	140
21	21	61	61	101	101	141	141
22	22	62	62	102	102	142	142
23	23	63	63	103	103	143	143
24	24	64	64	104	104	144	144
25	25	65	65	105	105	145	145
26	26	66	66	106	106	146	146
27	27	67	67	107	107	147	147
28	28	68	68	108	108	148	148
29	29	69	69	109	109	149	149
30	30	70	70	110	110	150	150
31	31	71	71	111	111	151	151
32	32	72	72	112	112	152	152
33	33	73	73	113	113	153	153
34	34	74	74	114	114	154	154
35	35	75	75	115	115	155	155
36	36	76	76	116	116	156	156
37	37	77	77	117	117	157	157
38	38	78	78	118	118	158	158
39	39	79	79	119	119	159	159
40	40	80	80	120	120	160	160

Scorer ______________________
Assistant scorer ______________________
Timer ______________________
Shot clock operator ______________________

Scores Quarter ① A ____ B ____
Quarter ② A ____ B ____
Quarter ③ A ____ B ____
Quarter ④ A ____ B ____
Overtimes A ____ B ____

Crew Chief ______________________
Umpire 1 ___________ Umpire 2 ___________

Final Score Team A ____ Team B ____
Name of winning team ______________________

Captain's signature in case of protest ______________________
Game ended at (hh:mm) ___________

Abb. 5: Anschreibebogen

Der *Anschreiberassistent* bedient die Anzeigetafel und unterstützt den Anschreiber bei seinen Aufgaben. Kommt es zu Unstimmigkeiten zwischen der Anzeigetafel und dem Anschreibebogen, ist der Anschreibebogen maßgebend und die Anzeigetafel wird entsprechend korrigiert. Wird ein Schreibfehler auf dem Anschreibebogen entdeckt, so wird dieser vom ersten Schiedsrichter bei der nächsten Gelegenheit korrigiert.

3.8.5 Zeitnehmer

Der *Zeitnehmer* bedient die Spieluhr und hat zusätzlich eine Stoppuhr. Er misst die Dauer der Spielzeit, Auszeiten und Spielpausen und sorgt dafür, dass mit einem lauten und automatischen Signal das Ende jeder Spielperiode angezeigt wird. Der Zeitnehmer setzt die Spieluhr in Gang, wenn der Ball beim Sprungball getippt bzw. wenn er bei einem Einwurf von einem Spieler auf dem Feld berührt wird. Der Zeitnehmer stoppt die Spieluhr, wenn der Schiedsrichter bei einem belebten Ball aufgrund einer Regelübertretung oder bei einem Ausball pfeift. Außerdem stoppt er die Uhr, wenn ein Feldkorb gegen eine Mannschaft erzielt wird, die eine Auszeit beantragt hat sowie nach jedem Korb in den letzten zwei Spielminuten des vierten Viertels oder der Verlängerung.

Bei einer Auszeit setzt der Zeitnehmer die Uhr zum Messen sofort in Gang, wenn der Schiedsrichter pfeift und das Signal für die Auszeit gibt. Nach 50 Sekunden lässt er dann sein Signal ertönen und nach einer Minute ein weiteres Mal, um das Ende der Auszeit kenntlich zu machen.

Der Zeitnehmer misst die Spielpausen, indem er die Uhr sofort in Gang setzt, wenn die vorherige Spielperiode abgelaufen ist. Drei Minuten und anderthalb Minuten vor dem ersten und dritten Viertel informiert der Zeitnehmer den Schiedsrichter. 30 Sekunden vor Beginn des zweiten und vierten Viertels lässt er sein Signal ertönen.

3.8.6 24-Sekunden-Zeitnehmer

Die *24-Sekunden-Angriffszeit* wird auf mindestens zwei digitalen Anzeigen oberhalb der Spielbretter oder an den Endlinien beider Mannschaften angezeigt. Sie wird vom *24-Sekunden-Zeitnehmer* bedient. Er setzt die Uhr in Gang, sobald eine Mannschaft auf dem Feld in Ballkontrolle gerät. Bloßes Berühren des Balls durch einen gegnerischen Spieler zählt nicht als Wechsel der Ballkontrolle. Das heißt, die 24-Sekunden-Uhr läuft weiter und wird nicht zurückgesetzt. Ebenso wird die 24-Sekunden-Uhr in Gang gesetzt, wenn der Ball nach einem Einwurf von einem Spieler auf dem Feld berührt wird.

Die Uhr wird gestoppt, aber nicht zurückgestellt, wenn die gleiche Mannschaft nach einem Ausball in Ballbesitz bleibt und einen Einwurf bekommt. Die Uhr wird auf 24 Sekunden zurückgestellt, wenn der Ball in den Korb fällt oder den Ring berührt und der Ballbesitz wechselt oder die Mannschaft Freiwürfe erhält.

Die Uhr wird auf 14 Sekunden zurückgestellt, wenn die gleiche Mannschaft, die vorher in Ballkontrolle war, einen Einwurf im Vorfeld erhält und 13 Sekunden oder weniger auf der 24-Sekunden-Anlage angezeigt ist, z. B. aufgrund eines Fouls oder einer Sprungballsituation.

Die Uhr wird ebenfalls auf 14 Sekunden zurückgestellt, wenn die angreifende Mannschaft nach einer Korbwurfaktion (mit Ringberührung) einen Offensivrebound greift und somit in Ballbesitz bleibt. Wenn die 24 bzw. 14 Sekunden abgelaufen sind, ertönt ein lautes Signal. Es stoppt weder die Spieluhr noch das Spiel.

3.9 DIE WICHTIGSTEN SCHIEDSRICHTER-ZEICHEN IM ÜBERBLICK

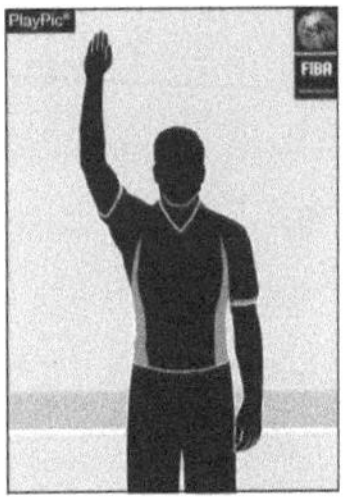
Uhr anhalten

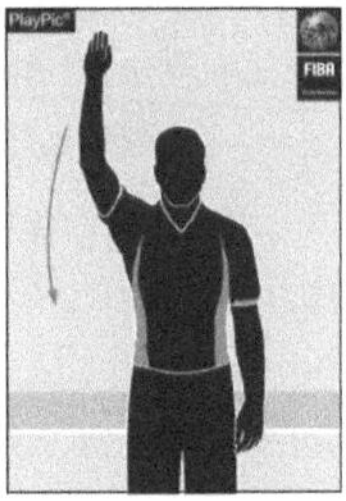
Uhr starten

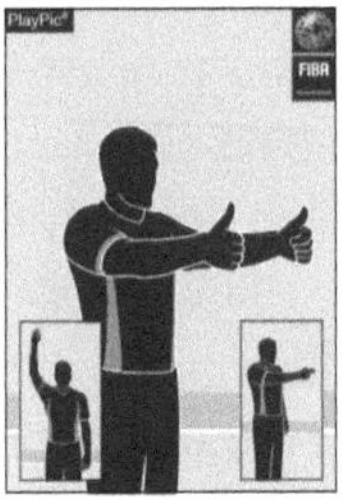
Sprungball

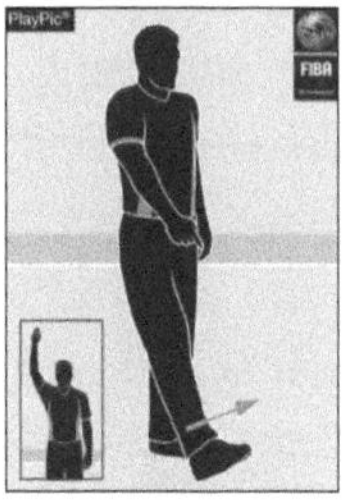
absichtliches Fußspiel

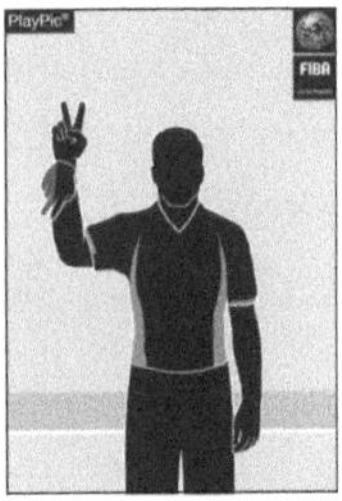
2 Punkte

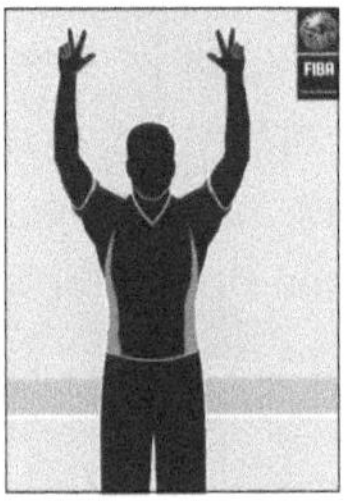
3 Punkte

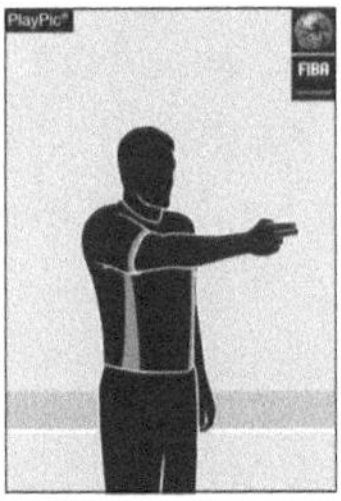
Einwurfrichtung

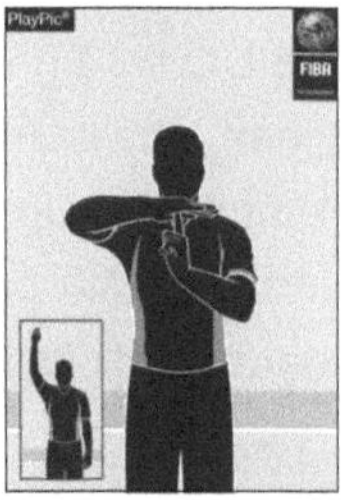
Auszeit

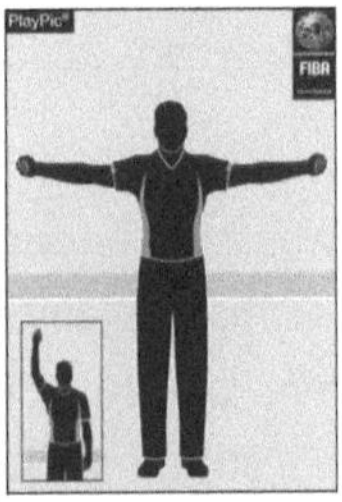
Medienauszeit

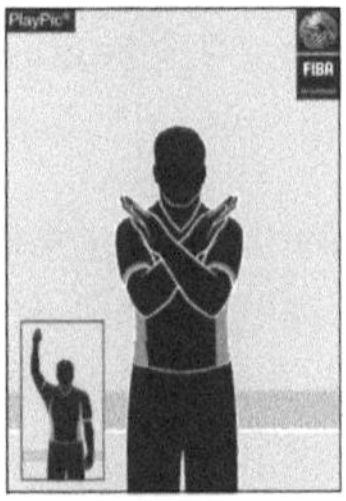
Spielerwechsel

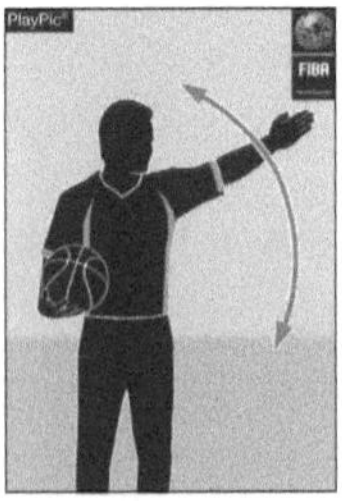
Ausball

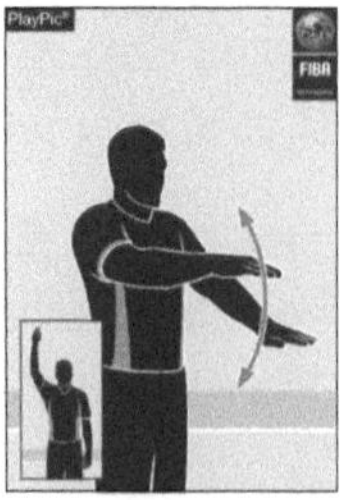
Doppeldribbling

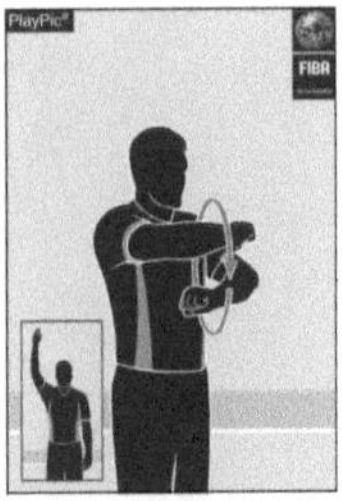
Schrittfehler

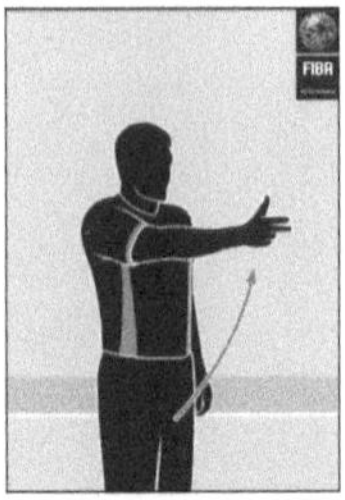
3 Sekunden

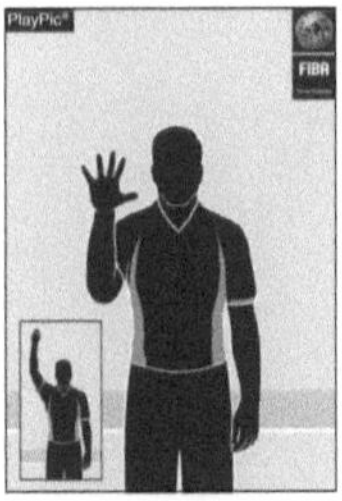
5 Sekunden

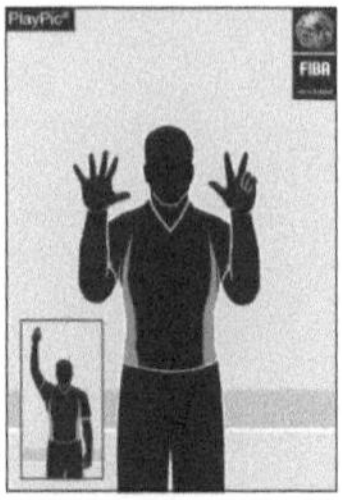
8 Sekunden

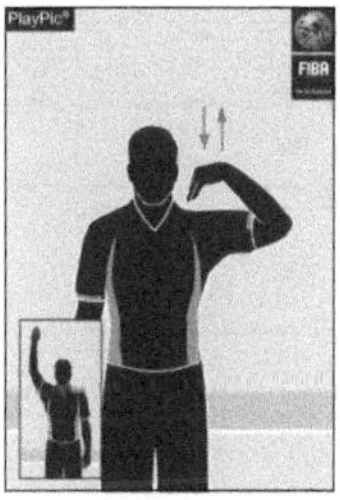
24 Sekunden

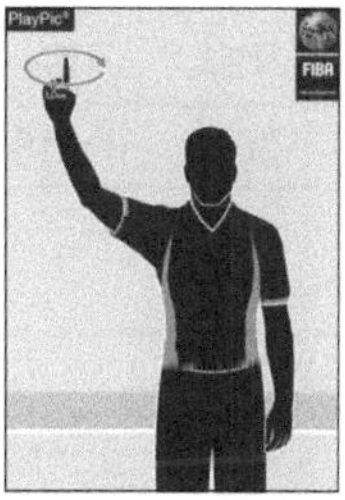
Zurückstellen d. Wurfuhr

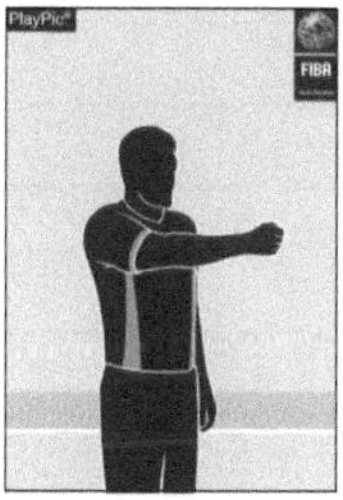
Offensivfoul

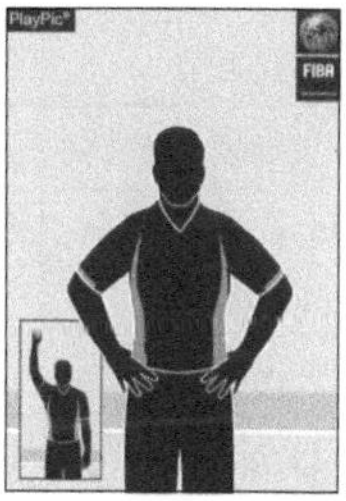
Sperren & Blockieren

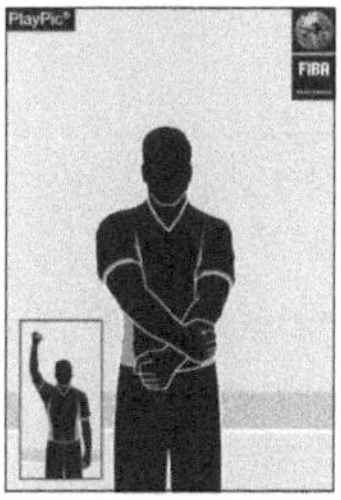
illegale Handnutzung

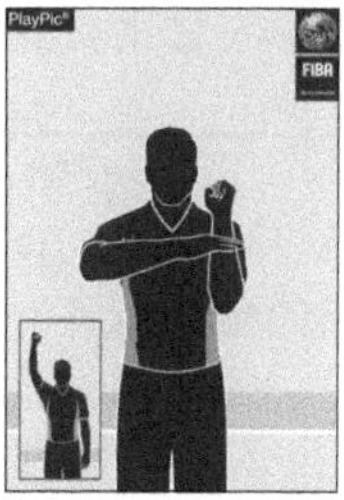
illegaler Kontakt a. d. Hand

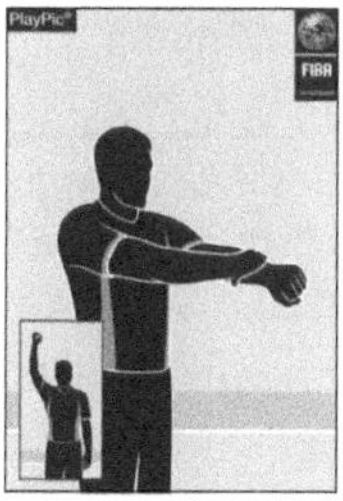
Halten

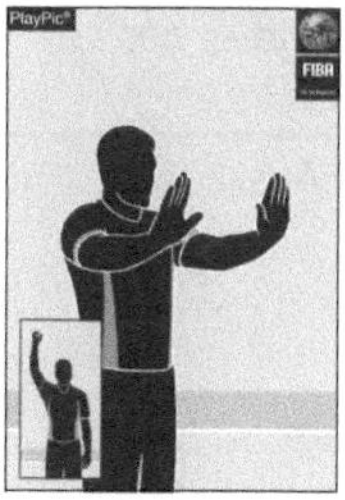
Stoßen

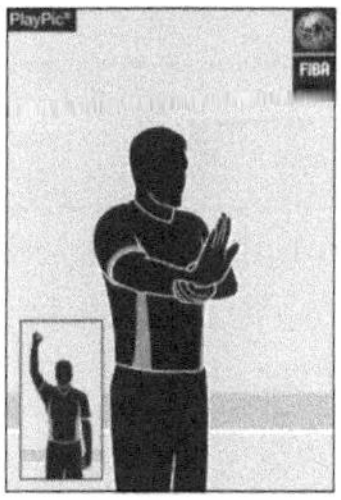
Handchecking

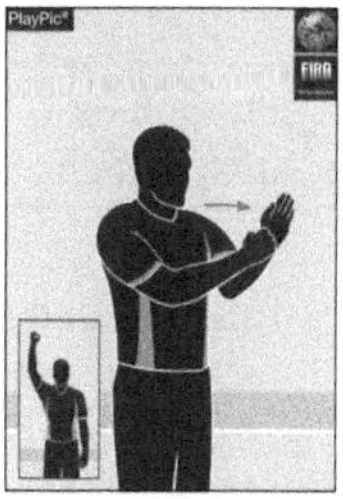
Offensivfoul

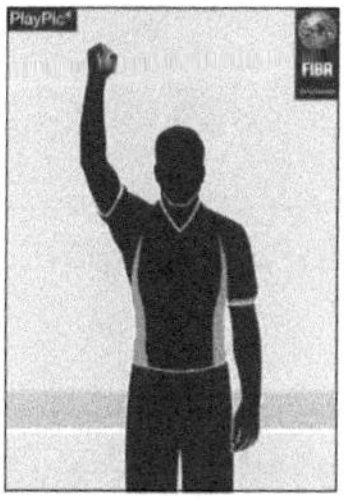
Persönliches Foul

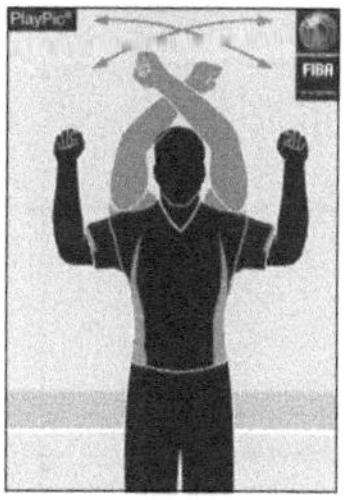
Doppelfoul

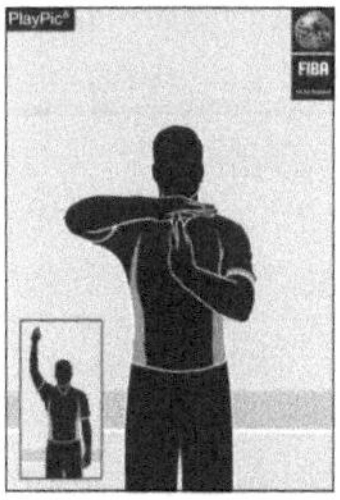
Technisches Foul

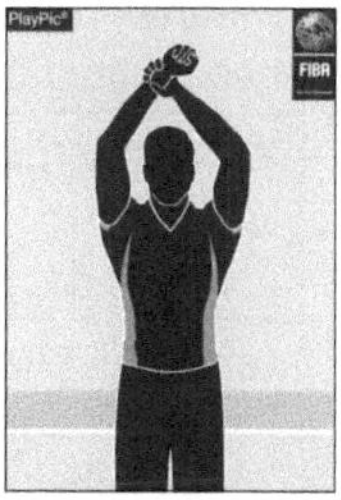
Unsportliches Foul

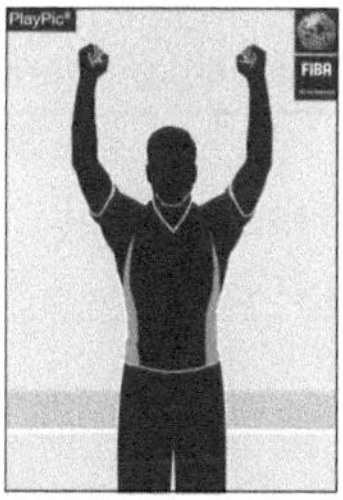
Disqualifizierendes Foul

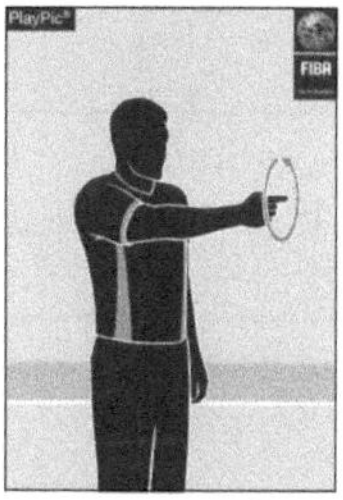
Instant Replay

3.10 REGELUNTERSCHIEDE: FIBA UND NBA

Tab. 1: Die wichtigsten Regelunterschiede

Regeln	FIBA	NBA
Spielfeldgröße	28 m x 15 m	28,65 m x 15,24 m
Gewicht des Balls	567-650 g	625 g
Freiwurflinie	4,225 m	4,19 m
Drei-Punkte-Linie	6,75 m frontal; 6,60 m seitlich	7,24 m frontal; 6,70 m seitlich
Dauer des Spiels	4 x 10 Minuten	4 x 12 Minuten
Auszeiten	Erste Hälfte 2, zweite Hälfte 3 (je eine Minute) Beantragung durch Trainer	7 pro reg. Spielzeit + 2 pro Verlängerung (je 1:15 Minuten) Maximal 4 pro Viertel 2 Pflicht-Auszeiten pro Viertel (2:45-3:15 Minuten) Beantragung durch Spieler oder Trainer
Fouls	Pro Spieler 5 oder 2 technische/unsportliche	Pro Spieler 6 oder 2 technische/unsportliche
Sprungball	Nur zu Spielbeginn	Spielbeginn, Halteball, Doppelfoul, Ausball beider Teams, Zweifel der Schiedsrichter etc.
Anhalten der Spieluhr	Nur in den letzten zwei Minuten des vierten Viertels und gegebenenfalls Verlängerung	In der letzten Minute jedes Viertels und in den letzten zwei Minuten des vierten Viertels plus gegebenenfalls Verlängerung
Goaltending/Basket Interference	Rebound/Tipp des Balls nach Ringberührung erlaubt	Rebound/Tipp des Balls erst, wenn er den imaginären Zylinder oberhalb des Korbs verlassen hat.
Zonenverteidigung	Legal	Legal, aber Verteidiger darf nicht länger als drei Sekunden in der Zone bleiben, wenn er nicht aktiv verteidigt.

★ 4 ★

DIE TECHNIK

Um erfolgreich Basketball zu spielen, nützt die beste Taktik nichts, wenn die grundlegenden Elemente des Basketballspiels nicht beherrscht werden. Bei der *Basketballtechnik* handelt es sich um Bewegungen und Fertigkeiten mit und ohne Ball im Angriff und in der Verteidigung. Anders als in Sportarten wie Fußball oder American Football müssen alle fünf Spieler sowohl angreifen als auch verteidigen können. Aus diesem Grund sind gute Verteidigungstechniken für jeden Spieler genauso relevant wie die Angriffstechniken.

4.1 ANGRIFFSTECHNIK

4.1.1 Passen und Fangen

Das *Passen* ist neben dem Werfen die wichtigste Angriffstechnik im Basketball. Ein Pass muss natürlich auch von einem Mitspieler gefangen werden. Deshalb ist das *Fangen* eines Passes genauso wesentlich, wie der Pass selbst. Mit Pässen kann der Ball am schnellsten große Distanzen auf dem Feld zurücklegen – schneller, als wenn der Ball von einem Spieler gedribbelt wird. Mit einem guten Passspiel kann eine Mannschaft freie Würfe herausspielen. Deshalb ist es essenziell, um am Ende erfolgreich zu sein.

Die Statistik beweist: Je besser sich die Spieler den Ball zupassen, desto hochprozentiger ist die Trefferquote. Basketball ist ein Mannschaftssport, welcher im Zusammenspiel sein volles Potenzial entfaltet. Es gibt viele verschiedene Passarten mit einer oder beiden Händen, gerade, über den Boden oder als Lob, im Stand, aus der Bewegung, im Sprung oder aus dem Dribbling. Spieler mit einem guten Ballhandling können den Ball mit der linken und rechten Hand gleichermaßen gut passen, was von Vorteil ist.

Beidhändige Pässe

Die häufigste Passform im Basketball ist der *beidhändige Brustpass*. Mit diesem gelangt der Ball am schnellsten auf direktem Weg zum Passempfänger. Es ist der härteste Pass im Basketball.

In der Ausgangsposition wird der Ball mit beiden Händen vor der Brust gehalten, die Ellbogen sind seitlich neben dem Körper und die Daumen hinter dem Ball. Durch kraftvolles, dynamisches Strecken der Arme wird der Ball beschleunigt. Die Finger drücken den Ball weg und geben ihm den Impuls für den Flug. Die Hände klappen am Ende seitlich nach außen, die Daumen zeigen nach unten.

Um einen möglichst harten Pass zu spielen, wird der Brustpass häufig mit einem kleinen Ausfallschritt in die Passrichtung ausgeführt. Der Passer zielt auf die Brust des Passempfängers. Der Ball fliegt schließlich geradlinig, ohne Bogen, zum Ziel. Der Brustpass wird oft zwischen zwei Mitspielern aus dem Lauf gespielt, um den Ball schnell nach vorne zu bringen, während die Verteidigung zurückläuft.

Eine weitere Variante ist der *beidhändige Bodenpass*. Er ist gut für das Anspiel zum Center unter dem Korb geeignet, denn ein Brustpass in die Zone ist selten möglich. Außerdem ist ein Bodenpass prädestiniert für einen Spieler, der zum Korb läuft oder für ein Anspiel in eine Lücke zwischen zwei Verteidigern. Auch wenn der ballführende Spieler von einem großen Spieler verteidigt wird, kann er mit einem Bodenpass an ihm vorbeispielen.

Die Ausführung des beidhändigen Bodenpasses ähnelt von der Arm- und Handgelenkbewegung dem Brustpass. Der Unterschied besteht lediglich darin, dass der Ball den Boden berührt, bevor der Mitspieler den Ball fängt. Der Ball wird im Prinzip schräg in den Boden hineingespielt und berührt nach zwei Dritteln der Passdistanz den Boden. Er wird in Hüfthöhe gefangen.

Eine dritte Möglichkeit, den Ball beidhändig zu passen, ist der *Überkopfpass.* Diesen sieht man hin und wieder beim Anspiel zum Center oder wenn Spieler sehr eng verteidigt werden.

Der Ball wird vor dem Pass über dem Kopf gehalten, die Finger sind seitlich und der Daumen hinter dem Ball. Die Arme sind fast gestreckt. Der Ball wird dann ohne Ausholbewegung mit einer Bewegung aus den Handgelenken gespielt. Die Handgelenke knicken nach unten ab und die Arme bleiben über dem Kopf. Die Handflächen zeigen am Ende zum Boden oder zur Seite. Auf keinen Fall wird der Ball wie beim Fußballeinwurf gehalten. Die Arme bleiben immer senkrecht über dem Kopf.

Einhändige Pässe

Neben beidhändigen sind auch *einhändige* Pässe möglich. Beim *Handball- oder Baseballpass* wird der Pass mit einer Wurfhand ausgeführt. Der Ball wird ähnlich wie ein Handball oder Baseball geworfen.

Dabei wird der Ball über die Schulter des Passarms geführt, die Hand ist hinter dem Ball, der Ball wird nach vorne beschleunigt, das Handgelenk klappt ab und die Finger zeigen aufs Ziel. Der Ball wird so über eine große Entfernung gespielt. Den Handballpass sieht man oft beim Schnellangriff, wenn z. B. der Pass aus dem Rückfeld zu einem Mitspieler gepasst wird, der bereits nach vorne gesprintet ist.

Der Ball kann auch in Form eines *einhändigen Druckpasses* gespielt werden, z. B. um den Ball an der Seite des Gegenspielers vorbei zu einem Mitspieler zu passen. Er wird auf Schulterhöhe abgespielt. Der Ellbogen und das Handgelenk ist hinter dem Ball, der Arm wird gestreckt. Der Impuls des Passes kommt aus dem Handgelenk, welches am Ende abgeklappt wird.

Der *einhändige Bodenpass* wird auf Hüfthöhe abgespielt und hat die gleiche Ausführung wie der einhändige Druckpass, nur dass der Ball bei zwei Dritteln der Passentfernung den Boden berührt. Der einhändige Bodenpass kann auch als *Hakenpass* gespielt werden, also mit Effet in einer halbkreisförmigen Bewegung in Richtung Mitspieler. Durch einen letzten Impuls durch Abklappen des Handgelenks bekommt der Ball einen Spin mit auf den Weg, wie es auch im Tischtennis oder Handball zu sehen ist.

Neben den genannten Pässen kann der Ball auch einhändig als *Lobpass* gespielt werden, also über den Verteidiger hinweg zum Center. Da der Ball lange in der Luft ist und recht langsam gepasst wird, ist die Gefahr natürlich vorhanden, dass der Ball abgefangen wird. Deshalb muss er wirklich zielgenau sein.

Kreative Passvarianten

Beidhändige und einhändige Pässe können, abgesehen von den vorgestellten Varianten, auf ganz unterschiedliche und kreative Weise den Mitspieler erreichen. Der Kreativität des Passspiels sind keine Grenzen gesetzt. Hier ein paar Beispiele.

Ein Pass kann ohne hinzuschauen (*No-Look-Pass*) gespielt werden, einfach nur übergeben werden (*Hand-off*), als *Pocketpass* aus dem Dribbling nach einem Pick & Roll mit kurzer, schneller Handgelenkdrehung aus der Innenhand, als *Snap* (einhändiger Pass aus dem Dribbling mit einer kurzen Drehung aus dem Handgelenk), als Pass aus dem Laufen heraus oder als *Alley-oop-Pass* (Pass, der in der Luft gefangen und mit einem Dunk abgeschlossen wird) gespielt werden.

Fangen

Passen und *Fangen* gehören eng zusammen. Beim korrekten *Fangen* bewegen sich die Hände immer dem Ball entgegen und „saugen" diesen mit den Handflächen an. Der Ball wird sofort in eine körpernahe Position gebracht, um ihn vor dem Verteidiger zu schützen. Natürlich muss ein Mitspieler frei sein oder sich mit Cuts und Täuschungen freilaufen, um einen Pass empfangen zu können.

Timing und Finten spielen eine große Rolle im Zusammenspiel. Durch das Antäuschen von Pässen oder Fangen werden die Verteidiger im Unklaren gehalten, wohin gepasst wird. Deshalb ist es wichtig, dass der Passempfänger seinen Verteidiger permanent beschäftigt, statt einfach nur stehen zu bleiben und zu warten, bis der Pass kommt. Durch konsequente Bewegung des Passempfängers kann sich der Verteidiger nicht auf den ballführenden Spieler konzentrieren und demnach den Pass nicht so leicht abfangen.

4.1.2 Dribbeln

Ob ein Spieler ein gutes Ballhandling hat, zeigt sich in der Fähigkeit, den Ball zu dribbeln. Unter *Dribbeln* versteht man das Fortbewegen eines Spielers mit dem Ball. Grundsätzlich darf nur mit einer Hand gedribbelt werden (Beidhändig ist nicht erlaubt!). Besonders gut können in der Regel die Guards dribbeln, da sie für den Spielaufbau verantwortlich sind und den Ball mit dem Dribbling nach vorne bringen. Es kann hoch, tief, mit der linken oder rechten Hand, gegen einen Verteidiger, mit Hand- und Richtungswechseln, hinter dem Rücken, mit halber Drehung usw. gedribbelt werden.

Ein hohes Dribbling wird angewendet, wenn ein Spieler nicht eng gedeckt wird oder freie Bahn in Richtung Korb hat und er eine Strecke möglichst schnell überbrücken möchte.

Hingegen wird tief gedribbelt, wenn Sicherheit gefragt ist, um den Ball zu schützen und ein Spieler vom Verteidiger bedrängt wird. Beim tiefen Dribbling sind die Knie und Hüfte gebeugt, um den Abstand der Dribbelhand zum Boden zu verringern. Der Oberkörper bleibt aber aufrecht. Der Ballführer dribbelt in der Regel nicht lange mit dem Rücken zum Verteidiger, da er sonst in seinen Möglichkeiten stark eingeschränkt ist, d. h., er sieht weder das Spielfeld noch seine Mitspieler.

Die korrekte Technik des Dribblings sieht Folgendes vor: Der Ball wird mit den Fingern gespielt, nicht mit der ganzen Hand. Der Ball wird kräftig gegen den Boden geprellt, das Handgelenk ist beweglich und die Finger sind leicht gespreizt. Der Ball wird nach unten gedrückt (nicht geschlagen!), damit der Ball schnell wieder in die gespreizten Finger zurückprallt (Druck-Saug-Bewegung).

Gute Basketballer können mit beiden Händen gleich gut dribbeln – das ist definitiv bei allen Profis der Fall! Der Blick ist während des Dribblings nicht auf dem Ball, sondern nach vorne gerichtet, um die Umgebung zu beobachten.

Beim Dribbling gegen einen Verteidiger wird der Ball mit dem eigenen Körper abgedeckt, damit der Verteidiger ihn nicht wegschlagen kann. Der Ball wird gut abgeschirmt, wenn mit der äußeren Hand gedribbelt wird (die Hand, die am weitesten vom Verteidiger entfernt ist). Durch Handwechsel versucht der Dribbler immer wieder, seinen Körper zwischen Ball und Verteidiger zu bringen. Auch Tempowechsel helfen, den Verteidiger aus dem Konzept zu bringen.

Das Dribbling mit Hand- und Richtungswechseln ist ein Standardrepertoire für alle Spielmacher, die den Ball nach vorne dribbeln oder zum Korb ziehen wollen. Wenn ein Spieler am Verteidiger vorbeidribbeln will, kann er von einer Körperseite zur anderen dribbeln, also von der rechten zur linken Hand oder umgekehrt.

Diesen Richtungswechsel nennt man auch *Crossover-Dribbling*: Der Dribbler täuscht einen Durchbruch mit der rechten Hand an, der rechte Fuß geht ebenfalls mit einem großen Schritt nach rechts vorne. Dann drückt sich der Spieler kräftig vom rechten Bein ab und prellt den Ball gleichzeitig vor dem Körper auf die linke Seite und dribbelt anschließend mit links weiter. Gute Dribbler können auch ohne Probleme hinter dem Rücken von der rechten zur linken Hand dribbeln.

Auch mit einem sogenannten *Spinmove* kann der Dribbler seinen Verteidiger abhängen. Dabei dreht er sich während des Dribbelns um die eigene Achse und windet sich quasi um den Verteidiger herum. Der *Spinmove* ist häufig während eines Spiels zu beobachten.

4.1.3 Werfen

Werfen ist die wichtigste technische Fertigkeit im Basketball. Denn nur mit einem Wurf können Punkte erzielt werden. Jeder Spieler muss Korbgefährlichkeit ausstrahlen, ansonsten könnte ihn die Verteidigung einfach links liegen lassen. Je besser die Wurftechnik ist, desto höher ist die Wahrscheinlichkeit, dass der Ball in den Korb geht. Im Folgenden werden die verschiedenen Wurfarten vorgestellt.

Korbleger

Der *Korbleger* (auch *Lay-up* genannt) ist die einfachste und sicherste Form, den Ball in den Korb zu befördern. Wie der Name sagt, wird der Ball beim *Unterhandkorbleger* in den Korb gelegt, statt geworfen – mit geringem Abstand zum Korb. Im Spiel sieht man Korbleger, nachdem ein Spieler zum Korb gedribbelt ist oder im Lauf ein Anspiel in Korbnähe bekommt. Es ist ein häufiger Abschluss bei Schnellangriffen und Einzelaktionen. Ein Korbleger hat eine hohe Trefferquote, sie ist viel höher als ein Wurf aus der Distanz.

Nach einem Dribbling oder Anspiel in der Bewegung darf ein Spieler noch zwei Schritte machen, bevor er den Ball zum Korb ablegt. Dribbelt er den Ball von der rechten Seite zum Korb, nimmt er den Ball auf, macht einen großen Schritt mit rechts, dann setzt er den linken Fuß auf, springt vom linken Bein nach oben und legt den Ball mit der rechten Hand in den Korb: Rechts-links-Korbleger mit rechts. Von der anderen Seite genau andersherum: Links-rechts-Korbleger mit links. Der Gegenarm des Absprungbeins führt also den Korbleger aus.

Beim Unterhandkorbleger, die gängigste Variante bei den Erwachsenen, liegt der Ball auf der Handfläche der Wurfhand, der Handrücken zeigt zum Boden, die Finger zeigen zum Korb, die Wurfschulter und Wurfhand werden nach vorne gebracht. In der letzten Phase wird der Wurfarm nach oben angehoben und der Ball rollt über die Finger der Wurfhand – entweder direkt in den Korb oder indirekt mit Brett.

Viel seltener im Erwachsenenbereich sieht man den *Druckwurfkorbleger.* Er ist im Kinderbasketball die wichtigste Abschlusstechnik und Grundform der Wurfbewegung aus dem Lauf mit einbeinigem Absprung. Die eigentliche Abwurfbewegung gleicht dem des Standwurfs (s. u.), d. h., der Ball wird nicht in den Korb gelegt, sondern mit Abklappen des Handgelenks geworfen.

Standwurf

Die *Standwurftechnik* ist die Grundform des Wurfs im Basketball. Der *Standwurf* kommt im laufenden Spiel, während der Ball belebt ist, zwar so gut wie nie vor, dafür aber beim Freiwurf. Die richtige Technik des Standwurfs ist außerdem die Grundlage für die komplexen Sprungwürfe. Der Standwurf besteht aus drei Phasen: Ausgangsstellung, Aushol- und Wurfbewegung. Jeder Basketballneuling lernt als Erstes die Bewegung des Wurfs im Stand.

In der Ausgangsstellung steht der Spieler stabil, schulterbreit und in leichter Schrittstellung. Rechtshänder haben den rechten Fuß etwas weiter vorn, Linkshänder den linken. Bei Freiwürfen stehen die Füße oft auch parallel an der Linie. Der vordere Fuß zeigt zum Korb, die Knie sind leicht gebeugt und der Ball wird in Bauchnabelhöhe gehalten.

In der Ausholbewegung geht der Spieler zunächst etwas tiefer in die Knie und führt den Ball, während er die Beine wieder streckt, mit beiden Händen nach oben. Die Wurfhand befindet sich erst hinter und dann unter dem Ball. Der Ball liegt locker auf der Wurfhand. Das Handgelenk ist nach hinten gebeugt (Handgelenkspannung) und die andere Hand (Führungshand) bleibt seitlich am Ball.

In der eigentlichen Wurfbewegung wird der Ball über den Kopf geführt. Der Ellbogen ist senkrecht unter dem Ball und zeigt zum Korb. Die Führungshand wird vom Ball gelöst. Denn der Ball wird nur mit einer Hand geworfen (auch wenn beidhändige Würfe regelkonform sind). Der Ball wird mit der Wurfhand zum Korb gedrückt. Die Beine werden komplett gestreckt, während der Ball nach oben geführt wird (harmonische Ganzkörperstreckung bis in den Zehenstand).

Der Ball wird mit den Fingern geworfen, nicht mit der Handfläche. Im letzten Teil der Armstreckbewegung wird das Handgelenk schnell nach vorn abgeklappt, sodass der Ball über die Fingerspitzen abrollt und einen Rückwärtsdrall (Backspin) bekommt. Zuletzt berührt der Zeige- und der Mittelfinger den Ball. Bis zum Abklappen des Handgelenks liegt der Ball locker auf der Wurfhand.

Nachdem der Ball die Hand verlassen hat, zeigt der Wurfarm zum Korb („Follow through"). Der Ball fliegt in einer Kurve zum Korb (nicht zu flach bzw. zu hoch). Beim Wurf achtet der Spieler nicht auf den Ball und schaut ihm auch nicht hinterher, sondern visiert den Korb an (**Tipp**: Hinterkante des Rings anvisieren).

Herausragende Werfer treffen im Spiel neun von 10 Standwürfen in Form von Freiwürfen – trotz Erschöpftheit, Drucksituationen und Störung von außen, wie gegnerische Fans. Dirk Nowitzki beispielsweise hat bei Freiwürfen einen Karriereschnitt von 88 % – 21 Jahre lang in insgesamt 1.522 NBA-Spielen.

Sprungwurf

Mit einem *Sprungwurf* können Angreifer leichter über den Verteidiger hinwegwerfen. Der Wurf ist schwerer abzuwehren, weil der Ball deutlich höher abgeworfen wird, als das bei einem Standwurf der Fall wäre. Die Technik des Sprungwurfs ist allerdings schwierig. Da der dynamische Armschwung nach oben fehlt, wie das z. B. beim Hochsprung in der Leichtathletik zu sehen ist, kann beim Sprungwurf keine allzu große Absprunghöhe erreicht werden.

Beim Sprungwurf springt der Werfer entweder aus dem Stand hoch und wirft oder direkt aus dem Abstoppen nach einem Dribbling oder Zuspiel. Aus der Bewegung ist natürlich ein höherer Sprung möglich. Es findet immer ein beidbeiniger Absprung statt, nicht einbeinig wie beim Korbleger. Die Technik des Sprungwurfs gleicht, abgesehen vom Sprung, der des Standwurfs. Der Ball wird wie beim Standwurf in die korrekte Wurfauslage geführt (s. o.), dann folgt der Absprung und am höchsten Punkt des Sprungs, oder kurz davor, wird der Ball abgeworfen. Der Werfer landet mit beiden Füßen gleichzeitig an der Absprungstelle. Springt er nach vorne, droht ein Offensivfoul.

Wie bereits erwähnt, findet der Abwurf statt, wenn der Werfer in der aufsteigenden Phase ist bzw. spätestens am höchsten Punkt des Sprungs. Superstarke, athletische und technisch versierte Schützen schaffen es auch, nach dem höchsten Punkt in der absteigenden Phase abzudrücken. Dafür müssen sie zusätzlich Armstreckkraft aufwenden. Wird ein Abwurf verzögert, ist der Ball vom Verteidiger kaum noch zu blocken.

Dunk

Der *Dunk* (eingedeutscht: *Dunking*), oft auch *Slam Dunk* genannt, ist die spektakulärste Form zu punkten. Das Verb „to dunk" bedeutet auf Deutsch „tunken" oder „eintauchen". Beim Dunk wird der Ball mit einer oder beiden Händen kraftvoll von oben in den Korb gestopft. Der Absprung kann von beiden oder einem Bein erfolgen.

Der Werfer springt so hoch, dass seine Arme deutlich über Ringniveau sind. Dafür ist eine sehr gute Sprungkraft die Voraussetzung, es sei denn, der Spieler ist groß. Dunks sieht man am häufigsten als Abschluss bei Schnellangriffen, wenn der Weg frei zum Korb ist. Noch spektakulärer erscheinen sie, wenn der Ball in Bedrängnis gedunkt wird. Basketballer sprechen dann von „ins Gesicht des Verteidigers dunken".

Da die Dunkings so schön anzuschauen sind, gibt es jedes Jahr Slam-Dunk-Wettbewerbe im Rahmen des All-Star-Wochenendes, an denen die beeindruckendsten Showeinlagen von einer Jury bewertet werden. Viele Spieler wurden durch ihre Dunks berühmt, wie z. B. Michael Jordan, Blake Griffin und Vince Carter in der NBA oder Henning Harnisch in Deutschland.

Es gibt zwar auch nur zwei Punkte für einen Dunk, aber es sind schönere zwei Punkte, als wenn diese durch Freiwürfe oder einen Korbleger erzielt werden. Die Zuschauer lieben Dunks. Sie sorgen für besondere Jubelstürme bei den Fans und Spielern des eigenen Teams und werden auch gern als „Wachmacher" des eigenen Teams eingesetzt.

Floater

Der *Floater*, auch *Runner* genannt, ist ein besonderer Wurf aus vollem Lauf heraus. Er ist eine Spezialität von Guards: Ein Guard zieht mit vollem Tempo in die Zone. Während er entschleunigt, springt er mit einem oder beiden Beinen ab, führt einen Arm (mit der Hand unter dem Ball) lang nach oben und drückt den Ball in hohem Bogen ab. Der Floater ist wie eine Mischung aus einem langen Korbleger und einem Sprungwurf.

Floater passieren aus vollem Lauf beim Zug zum Korb, oft, wenn ein großer, helfender Verteidiger sich in den Weg stellt. Die hohe Flugkurve des Balls ist beim Floater das wichtigste Merkmal. Denn dadurch fliegt der Ball nicht nur über die ausgestreckten Arme des Verteidigers, sondern landet auch sanft auf dem Ring oder direkt ins Netz. Die Entschleunigung von einem Sprint hilft, das Vorwärtsmomentum in Höhe umzuwandeln (Sprunghöhe und Flugkurve).

Der Floater braucht extrem viel Übung und Feingefühl. Deshalb beherrschen ihn meist nur Guards mit exzellentem Ballhandling. Spieler wie Stephen Curry und Derrick Rose oder früher Steve Nash haben bzw. hatten den Floater in ihrem Waffenarsenal. Dabei hat jeder seine eigene Art, den Floater zu vollenden, wenn man sich die Handgelenkbewegung näher anschaut.

Curry macht es ganz ohne Abklappen des Handgelenks nach vorne, während Derrick Rose sein Handgelenk ein bisschen nach vorne abklappt und Steve Nash den Floater gar wie einen Sprungwurf (mit vollständigem Abklappen des Handgelenks) nahm. Eienrlei, wie geworfen wird, Floater müssen unvorhersehbar sein, besonders auf höchstem Niveau, wo die Bigmen groß, mobil und sprunggewaltig sind.

Hakenwurf

Hakenwürfe gehören zum Repertoire des Power Forwards und Centers in Korbnähe. Mit einem Hakenwurf kann über einen Gegenspieler hinweggeworfen werden, ohne dass er eine Chance hat, den Ball zu blocken. In der NBA war es die 2,18-m-NBA-Center-Legende Kareem Abdul-Jabbar, die mit ihrem perfekt ausgeführten Hakenwurf zwischen 1969-1989 das Spiel dominierte.

Der Werfer bringt beim Hakenwurf seinen Körper zwischen Ball und Verteidiger und führt den Ball mit einem vollständig durchgestreckten Arm über die Wurfschulter nach oben. Im letzten Moment klappt das Handgelenk ab, um den Ball zu werfen. Der Ball ist bei der Wurfbewegung gut vor dem direkten Verteidiger geschützt. Aber zu Hilfe eilende Verteidiger können den Ball wegblocken, da er relativ lange offen auf der Wurfhand liegt. Deshalb sieht man den klassischen Hakenwurf im heutigen Basketball relativ selten.

Aktuell sind noch kleine Hakenwürfe, wie der *Baby Hook* und *Power Hook,* zu sehen. Beim *Baby Hook* wird der Ball eng am Körper, und damit besser geschützt, nach oben geführt. Statt mit einer Armstreckung zur Seite wie beim klassischen Hakenwurf wird der Ball beidhändig bis zum Abwurfpunkt geführt. Erst im letzten Moment löst sich die gegnernahe Führungshand und die Wurfbewegung wird vollendet.

Beim *Power Hook* (auch *Power Shot*) findet ein beidbeiniger Absprung aus paralleler Fußstellung statt. Der Ball wird ebenfalls eng am Körper hochgeführt und nach erfolgter Armstreckung abgeworfen. Der „Power Hook" wird unter Bedrängnis aus einer dynamischen Anlaufbewegung heraus zum Abschluss eines Drives (Zug zum Korb) oder Cuts angewendet, wenn ein einbeinig abgesprungener Korbleger zu risikoreich oder instabil ist.

Der Vorteil gegenüber einem Korbleger liegt darin, dass der Wurf nach dem Abstoppen unterbrochen werden kann. Das heißt, es kann nach dem Abstoppen eine Wurftäuschung (Pumpfake) und/oder Sternschrittbewegung durchgeführt werden oder der Wurf kann ganz abgebrochen werden, indem der Ball zu einem freien Mitspieler herausgepasst wird.

4.14 Offensive Beinarbeit

Sternschritt

Mit einem *Sternschritt* kann der Angreifer den Ball gegen seinen direkten Verteidiger abschirmen, Täuschungen machen und Richtungen ändern. Mit dem Ball in der Hand kann der Angreifer ein Bein beliebig oft in verschiedene Richtungen bewegen und aufsetzen. Das andere Bein (Standbein) muss dabei auf dem Boden bleiben. Letzteres dreht sich auf dem Fußballen mit.

Der Sternschritt eignet sich zur Täuschung. Zum Beispiel kann der Spieler einen Durchbruch zur linken Seite antäuschen, indem er seinen linken Fuß links am Verteidiger aufsetzt (das rechte Bein bleibt am Boden) und dann hebt er das linke Bein, setzt es rechts am Verteidiger auf und dribbelt schließlich rechts an ihm vorbei.

Hat der Angreifer bereits gedribbelt und hält im Stand den Ball, wird er normalerweise vom Verteidiger dicht bedrängt. Nun kann der Spieler in Ballbesitz Sternschritte verwenden, um den Ball zu schützen, indem er seinen Körper immer wieder zwischen Ball und Verteidiger bringt (er dreht sich dabei um das Standbein, ohne es zu lösen), bis sich eine Passmöglichkeit ergibt.

Abstoppen

Will ein Spieler seine Bewegung nach einem Dribbling oder Zuspiel abstoppen, muss er mit zwei Kontakten zum Stopp kommen, ansonsten begeht er einen Schrittfehler. Das Aufsetzen eines Fußes zählt als ein Kontakt. Ein Spieler hat zwei Möglichkeiten zu stoppen: entweder mit dem *Schrittstopp* (Zweikontaktstopp) oder mit dem *Sprungstopp* (Ein-Kontakt-Stopp oder Parallelstopp). Beim *Schrittstopp* werden die Füße nacheinander aufgesetzt und das hintere Bein wird zum Standbein. Beim *Sprungstopp* werden beide Füße gleichzeitig aufgesetzt (parallel und schulterbreit). Der Spieler kann das Standbein dann frei wählen und das freie Bein beliebig oft um das Standbein herumbewegen (siehe Sternschritt). Bei beiden Stoppvarianten ist der Körperschwerpunkt tief und die Knie sind gebeugt.

Richtungswechsel und Freilaufen

Tempo- und *Richtungswechsel* sind notwendig, um sich von einem Verteidiger zu lösen. Der Angreifer ohne Ball versucht, möglichst frei stehend oder frei laufend den Ball zu bekommen, damit er zum Wurf kommen oder eine Wurfgelegenheit für einen Mitspieler vorbereiten kann. Hierfür kann er seinen Verteidiger überlaufen, mit Richtungswechseln antäuschen oder zum Korb schneiden.

Die Grundform bei der Fußarbeit ohne Ball ist die sogenannte *In-and-out-Bewegung*. Dabei beschleunigt der Spieler zunächst in die „falsche" Richtung, um sich dann explosiv in die Gegenrichtung abzustoßen, um die gewünschte Richtung anzusteuern. Der Angreifer täuscht z. B. eine Bewegung zum Ball an und sprintet dann zum Korb, wo er (seinen Verteidiger abgehängt) anspielbereit für einen möglichen Korbleger ist.

Der Angreifer ohne Ball kann sich auch genau andersherum freilaufen. Er läuft zunächst in Richtung Korb, sein Verteidiger weicht zurück und durch eine Richtungsänderung zum Ball kommt der Angreifer kurz frei, weil der Verteidiger nicht so schnell reagieren kann. Letzteres ist oft beim Einwurf zu beobachten.

Ein Angreifer kann als dritte Möglichkeit, sich freizumachen, einen Lauf nach links antäuschen, dann aber überraschend nach rechts vor dem Verteidiger zum Korb schneiden (immer anspielbereit).

Springen und Landen

Springen und *Landen* sind zwei Eckpfeiler im Basketball – sei es beim Wurf, Dunk, Block oder Rebound. Im Basketball geht es darum, möglichst hoch zu springen. Es kann einbeinig oder beidbeinig, aus dem Stand oder aus der Bewegung abgesprungen werden. Bei Distanzwürfen wirkt sich eine gute Sprungtechnik z. B. auf die Flugkurve des Balls aus. Eine gute Sprungtechnik entscheidet auch über die Höhe des Sprungs.

Während beim Korbleger von einem Bein abgesprungen wird, ist es beim Block oder Rebound in der Regel ein beidbeiniger Absprung. Eine beliebte Absprungtechnik beim Dunk ist der beidbeinige Absprung aus der Bewegung.

Beim Absprung aus der Bewegung ist eine gute Beschleunigung die Grundvoraussetzung, um hoch hinaus zu kommen. Die höchste Geschwindigkeit ist beim Absprung erreicht. Die letzten beiden Schritte sind schneller als die davor. Der vorletzte Schritt ist ein sogenannter *Stemm-*

schritt. Rechtshänder machen einen Stemmschritt mit rechts, Linkshänder mit links.

Beim *Stemmschritt* wird zuerst die Ferse des Fußes aufgesetzt und während des Abrollens nach vorne auf den Ballen wird der zweite Fuß herangestellt. Der Absprung erfolgt von den Ballen. Gleichzeitig werden die Arme mit nach oben geschwungen und der Oberkörper wird im Sprung lang nach oben gestreckt. Während ein Spieler beim Absprung aus dem Stand vorher in die Knie geht, um Schwung zu holen, geschieht das aus der Bewegung nicht. Denn dadurch ginge die Geschwindigkeit, die in Höhe umgewandelt werden soll, verloren.

Bei der *Landetechnik* geht es vor allem darum, Verletzungen zu vermeiden. Nach dem Absprung muss der Spieler aufpassen, wo er landet. Idealerweise landet er dort, wo er abgesprungen ist. Bei der Landung besteht immer eine Verletzungsgefahr. Nicht selten landet ein Spieler auf einem Fuß des Verteidigers und knickt dann im Knöchel um. Nach einem Dunk kann sich ein Spieler auch kurz am Ring festhalten, wenn unter ihm ein anderer Spieler ist und kein Platz für eine sichere Landung vorhanden ist. Damit schützt er bei der Landung nicht nur sich, sondern auch den anderen Spieler.

Mit einer technisch korrekten Landung wird auch effektiv der Schock auf die Gelenke (Hüfte, Knie, Knöchel) absorbiert. Das Ziel ist immer, möglichst sanft zu landen und die Krafteinwirkung zuerst zu den Gesäßmuskeln und dann zu den Oberschenkel- und Wadenmuskeln zu übertragen. Die Landung erfolgt auf dem ganzen Fuß. Die Knie sind über den Füßen (hinter den Zehen).

4.1.5 Blocken

Mit dem *Blocken* ist nicht der Wurfblock eines Verteidigers gemeint, sondern das *Blockstellen* (*Screen*) eines Angreifers. Es ist ein probates Mittel im Mannschaftsangriff, um einem Mitspieler zu helfen, im Dribbling oder ohne Ball freizukommen. Das Blocken ist ein regelrechtes Sperren eines

Verteidigers, damit dieser daran gehindert wird, eine gewünschte Position einzunehmen.

Vor einem Block ist die Kommunikation (mit eindeutigem Blickkontakt, Zeichen oder Signalen) zwischen zwei Spielern Voraussetzung, wann und wo der Block gestellt werden soll. Der Blocksteller stellt den Block unmittelbar am und im rechten Winkel zum Verteidiger. Er setzt beide Füße gleichzeitig und parallel auf, sein Oberkörper ist aufrecht, stabil und im Gleichgewicht. Er verschränkt seine Arme vor der Brust als Puffer gegen den Verteidiger und blockiert den Verteidiger an seinem Oberarm.

Er bewegt sich nicht (der Blockkontakt wird gehalten), so lange, bis sein Mitspieler den Block durch Vorbeidribbeln/Vorbeilaufen genutzt hat. Danach öffnet sich der Blocksteller mit einem großen Schritt in Richtung Ballbesitzer und hält den geblockten Verteidiger in seinem Rücken (Abrollbewegung).

Es werden *aktive* von *passiven Blocks* unterschieden. Beim *aktiven* Block geht die Aktion vom Blocksteller aus. Er nimmt die Blockposition ein, indem er sich auf den Ballbesitzer zubewegt. Beim *passiven* Block bleibt der Blocksteller an seiner Position und der Dribbler bewegt sich auf ihn zu.

Außerdem unterscheidet man *direkte* von *indirekten Blocks*. Beim *direkten* Block findet ein Block am Verteidiger des ballführenden Spielers statt, damit dieser vorbeidribbeln kann. Beim *indirekten* Block (auch *Gegenblock* genannt) blockt der Blocksteller einen Mitspieler frei, der nicht in Ballbesitz ist. Beim Block gibt es oft harten Körperkontakt, deshalb muss der Blocksteller unbedingt stabil stehen.

Neben dem Blocksteller gibt es auch immer einen Mitspieler, der den Block nutzt. Er braucht vor allem Geduld, bis der Block steht. Er streift seinen Verteidiger am Block ab, indem er Schulter an Schulter am Blocksteller vorbeiläuft oder vorbeidribbelt. Dabei kann er auch seinen Mitspieler berühren. Der Blocknutzer zieht entschlossen zum Korb.

Meist kommen andere Verteidiger zu Hilfe geeilt. Dann kann der Blocknutzer den Ball, sofern er ihn hat, zu einem Mitspieler mit einem Bodenpass durchstecken. Hat der Blocknutzer den Ball nicht, läuft er sich frei, um anspielbereit für einen freien Wurf zu sein.

4.1.6 Offensiv-Rebound

Ein *Offensiv-Rebound* ist das Fangen des Balls oder das bewusste Tippen des Balls nach einem Fehlwurf. Jeder Angreifer hat eine realistische Chance, an den Ball zu kommen, selbst kleine Guards, die ihre Schnelligkeit ausnutzen. Ein Offensiv-Rebound bedeutet eine weitere Angriffsmöglichkeit und ist zudem demoralisierend für die Verteidiger. Ein guter Offensiv-Rebounder geht immer von einem Fehlwurf aus. Er agiert frühzeitig, d. h., schon wenn der Ball die Hand des Werfers verlassen hat und nicht erst, wenn ein Fehlwurf erkennbar ist.

Offensiv-Rebounds bedeuten intensive Arbeit. Jedem Ball beim Wurf nachzugehen, ist körperlich und mental anstrengend. Außenspieler, die nicht unmittelbar am Korb agieren, vernachlässigen den Offensiv-Rebound hin und wieder, weil sie ihn nicht direkt als ihre Aufgabe anerkennen. Das ist die Chance für konditionell starke Spieler, sich hervorzuheben und den Offensiv-Rebound zu holen. Gute Offensiv-Rebounder sind hoch im Team angesehen, da sie Fehlwürfe ausgleichen und somit ihren Mitspielern helfen.

Abhängig von der Verteidigerhandlung ergeben sich für einen Offensiv-Rebounder unterschiedliche Möglichkeiten, an den Ball zu kommen. Er beobachtet zunächst die Situation und reagiert schnell darauf. Wenn der direkte Gegenspieler nicht ausblockt, hat er freie Bahn zum Korb.

Als Zweites kann er sich vom Gegenspieler lösen, um einen freieren Absprung in Richtung Ball zu bekommen.

Drittens kann er sich eine bessere Reboundposition unter dem Korb erkämpfen – mit dem Ziel, näher zum Korb zu gelangen und eine aussichtsreiche Innenposition einzunehmen. Dafür braucht er Durchsetzungsvermögen.

Gleichfalls kann der Angreifer die *Step-over-* und/oder die *Roll-in-Technik* anwenden. Beim *Step-over* setzt der Angreifer einen Fuß (eventuell auch einen Arm) über den vorderen Fuß des Verteidigers, um dessen Laufweg zu blockieren. Beim *Roll-in* rollt er mit dem Rücken zum Verteidiger ab und macht anschließend den Step-over.

4.2 VERTEIDIGUNGSTECHNIK

4.2.1 Grundstellung

In der *Grundstellung* steht ein Verteidiger in paralleler Fußstellung weiter als schulterbreit. Seine Fußspitzen zeigen nach vorne. Sein Körperschwerpunkt ist tief (die Knie sind gebeugt). Er hat sein Körpergewicht auf dem vorderen Bereich seiner Füße (Fußballen), um eine optimale Reaktions- und Bewegungsbereitschaft in alle Richtungen zu haben. Sein Oberkörper ist aufrecht und seine Brust herausgestreckt. Sein Kopf ist gerade (Spielübersicht). Seine Arme und Hände sind angehoben in seitlicher Abwehrhaltung. Die Armhaltung varriiert je nach Spielsituation (Vgl. Abb.4, S.47).

4.2.2 Gleitschritte und Beinarbeit

Um die Grundstellung auch in der Bewegung beizubehalten, führt der Verteidiger *Gleitschritte* aus. Sie werden auch *Nachstellschritte* genannt. Sie haben den Vorteil, dass sie eine stabile Position in der Bewegung sichern.

Die Gleitschritte werden folgendermaßen durchgeführt: Aus der Grundstellung beginnend, macht der Verteidiger einen weit ausgreifenden Schritt in die Bewegungsrichtung. Nahezu gleichzeitig stößt er sich mit dem anderen Bein explosiv ab. Es folgt unmittelbar das Nachstellen des Fußes in die Ausgangsstellung.

Die Gleitschritte sind wie ein flacher Sprung zur Seite, ohne dass sich die Beine überkreuzen. Sie ähneln der Seitwärtsbewegung eines Boxers. Die Verteidigungsbewegung wird stets seitwärts oder schräg rückwärts ausgeführt (nicht vorwärts!).

Der Verteidiger steht in der legalen Verteidigungsposition, wenn er frontal zu seinem Gegenspieler steht und beide Beine am Boden sind. Die Füße können auch kurz den Boden verlassen. Der Verteidiger darf die Hände und Arme innerhalb seines Zylinders nach oben strecken und nach oben springen. Kommt es dann zum Kontakt mit dem Angreifer am Oberkörper des Verteidigers (nicht Beine oder Arme!), indem z. B. der Angreifer in den Verteidiger hineinläuft, begeht der Angreifer ein Offensivfoul. Ausnahme: Der Verteidiger steht innerhalb des No-charge-Halbkreises (Radius 1,25 m unter dem Korb).

4.2.3 Verhalten gegen Werfer

Das *Verhalten* des Verteidigers gegen den *Werfer* hängt von der Entfernung des ballführenden Spielers zum Korb ab, sowie ob dieser schon gedribbelt hat. Hat er noch nicht gedribbelt, geht der Verteidiger nicht ganz so nah an ihn heran (etwa eine Armlänge bzw. 1 m Abstand), um nicht überspielt zu werden. Hat der Angreifer hingegen schon gedribbelt, geht der Verteidiger sehr nah an ihn heran, da er nun nicht mehr umspielt werden kann.

Die Verteidigung ist jetzt aggressiv und druckvoll, mit intensiver Armarbeit – ohne Berührung der Arme des Werfers. Setzt der Angreifer zum Wurf an, geht der Verteidiger ebenfalls nah heran, falls er es noch nicht getan hat. Die Hand des Verteidigers geht beim Hochführen des Balls mit nach oben.

Oft kann der Verteidiger den Ball nicht mehr mit der Hand erreichen, er soll den Werfer aber zumindest stören, mit dem Ziel, den Werfer zu verunsichern und die Wurfbewegung negativ zu beeinflussen. Wichtig für den Verteidiger ist, dass er erst springt, nachdem der Werfer abgesprungen ist. Ansonsten fällt der Verteidiger eventuell auf eine Wurffinte herein.

4.2.4 Verhalten gegen Dribbler

Der Verteidiger versucht, den *Dribbler* mit Gleitschritten vom Korb abzudrängen, ihn zu stoppen oder mit intensiver Armarbeit den Ball zu stehlen (*Steal*). Der Verteidiger weicht vor dem Dribbler zurück und versucht, mit seitlicher, nach außen gerichteter Stellung (ein Bein ist etwas weiter vorne) den Dribbler mit Gleitschritten von der Spielfeldmitte zur Seite abzudrängen. Denn die Seitenauslinie ist wie ein weiterer Verteidiger.

Die innere Hand des Verteidigers greift dabei ständig nach dem Ball (die linke Hand beim Linksdribbler, die rechte Hand beim Rechtsdribbler). Beendet der Angreifer sein Dribbling, rückt der Verteidiger sofort eng an ihn heran, um einen Pass oder Wurf zu erschweren.

4.2.5 Defensiv-Rebound

Ein *Defensiv-Rebound* ist das Ballfangen eines Verteidigers, nachdem ein Angreifer verworfen hat und der Ball vom Korb oder Brett abgesprungen ist. Der Verteidiger hat beim Defensiv-Rebound im Prinzip zwei Aufgaben: den Gegenspieler ausblocken und nach dem Ball springen.

Während bei der Mann-gegen-Mann-Verteidigung der direkte Gegenspieler ausgeblockt wird, ist es bei der Zonenverteidigung der Spieler, der sich im unmittelbaren Deckungsbereich befindet. Der Verteidiger erkämpft sich eine gute Ausgangsposition für den Rebound, indem er versucht, zwischen dem Ball und dem Gegenspieler zu stehen (Innenposition, näher zum Korb als zum Angreifer).

Er hat eine weite Fußstellung, einen tiefen Körperschwerpunkt und seinen Verteidiger im Rücken. Mit einem Arm hält er Kontakt zum Gegenspieler, um seine Bewegungen zu registrieren. Ziel des Verteidigers ist es, sich beim Ausblocken vor dem Rebound möglichst breit zu machen, um ein großes Hindernis für den Angreifer zu sein.

Der Verteidiger orientiert sich als Nächstes zum Ball, hat seine Arme in Brusthöhe angewinkelt und springt erst nach dem Ball, wenn dieser vom

Korb oder Brett abgeprallt ist. Er springt mit beiden Beinen ab und fängt den Ball möglichst am höchsten Punkt mit beiden Händen. Sodann reißt er den Ball zum Körper heran. Nach der Landung hält er den Ball vor der Brust mit seitlich abgespreizten Ellbogen, um ihn zu schützen.

Auch Angreifer, die nicht geworfen haben, müssen ausgeblockt werden, um nicht den Rebound zu bekommen. Größe und Sprungkraft sind beim Rebound zwar von Vorteil, aber kein Muss. Auch kleinere Spieler können mit geschicktem Stellungsspiel, gutem Timing und Antizipation an den Ball kommen.

4.2.6 Abwehrfinten

Abwehrfinten haben den Zweck, den Gegenspieler zu verunsichern und zu falschen Aktionen zu verleiten. Die meisten Abwehrfinten werden gegen den Spieler in Ballbesitz ausgeführt.

Eine erste Abwehrfinte des Verteidigers ist es, einen *Steal* anzutäuschen. Das heißt, er greift den Ball an, um den Dribbler dazu zu verleiten, am Verteidiger vorbeizuziehen (Durchbruch). Der Verteidiger ist darauf aber vorbereitet. Aus der Verteidigungsgrundstellung heraus macht er einen Ausfallschritt auf den Ballbesitzer zu und greift mit einer Hand in Richtung Ball. Sofort im Anschluss weicht der Verteidiger wieder zurück.

Eine weitere Täuschungsvariante ist das Absinken mit anschließendem Angriff auf den Ball. Das hat zum Ziel, den Wurf zu erschweren. Der Verteidiger weicht zunächst zurück, damit der Ballbesitzer glaubt, dass ein Durchbruch zum Korb nicht möglich ist. Stattdessen wird er dazu verleitet, einen Wurf zu nehmen. In die Wurfvorbereitung hinein greift der Verteidiger plötzlich an.

★ 5 ★

DIE TAKTIK

Im Folgenden geht es nicht um komplizierte *Taktiken*, sondern um allgemeine strategische Varianten im Angriff und in der Verteidigung sowie um einfache *Spielsysteme*, die Bestandteil der meisten Profiteams sind.

5.1 ANGRIFFSTAKTIKEN

Die *Offensive Automatics* bilden die Grundlage für ein erfolgreiches Angriffsspiel. Dabei handelt es sich um automatische Laufwege von Spielern, je nachdem, wie der ballführende Spieler mit einem Dribbling den Korb attackiert (von oben, über die Mitte oder über die Grundlinie). Die übrigen vier Spieler, die nicht den Ball haben, verschieben sich auf eine ganz bestimmte Position auf dem Feld, um Platz für den Dribbler zu schaffen und anspielbereit zu sein.

Die Automatismen laufen ohne vorher angezeigtes Spielsystem ab und sollten jedem Spieler in Fleisch und Blut übergegangen sein. In den Büchern *Handbuch Basketball* und *Basketballtraining* von Dirk Bauermann (beide Meyer & Meyer Verlag) werden die Laufwege im Detail erklärt.

5.1.1 Taktiken mit zwei Angreifern

Backdoor Cut

Unter einem *Backdoor Cut* versteht man das Freilaufen eines Spielers ohne Ball im Rücken des Verteidigers („Backdoor"). Er schneidet zum Korb („Cut"), erhält einen Bodenpass vom ballführenden Spieler und verwertet mit einem einfachen Korbleger.

High-Low

High-Low ist das Zusammenspiel zwischen zwei Innenspielern, also dem Power Forward und dem Center. Der Power Forward läuft sich frei und bekommt einen Pass in Höhe der Freiwurflinie („High Post"). Dann spielt dieser den Pass (Lob oder Bodenpass) unter den Korb zum Center („Low Post"). Der Center kann entweder selbst punkten oder den Ball noch einmal rauspassen.

Give-and-Go

Das *Give-and-Go* ist das Zusammenspiel zwischen zwei Guards bzw. Außenspielern. Beendet ein Spieler das Dribbling, passt er zum freien Mann nach außen („Give") und rennt in Richtung des Korbs (immer anspielbereit) oder auf eine freie Position auf dem Feld („Go"). Der Passempfänger kann dann entweder den Doppelpass spielen oder selbst einen Wurf kreieren.

5.1.2 Mannschaftstaktiken

Grundsätzlich unterscheidet man zwei Möglichkeiten, anzugreifen, den *Schnellangriff* (*Fast Break*) oder den *Halbfeldangriff* (*Set Play*).

Ein *Schnellangriff* wird in der Regel nach jedem Rebound versucht. Ist dieser nicht Erfolg versprechend, wenn keine einfachen, schnellen Punkte erzielt werden können, gehen die Teams ins *Set Play* über.

In der Geschichte des Basketballs gab es immer mal wieder dominierende Spielsysteme, die von erfolgreichen Mannschaften kopiert wurden und eine Zeit lang „en vogue" waren. Diese haben Namen wie „High Post Offense" (UCLA), „Triangle Offense" (Chicago Bulls) oder „Motion", „Early Offense", „Flex Offense", „Horn Offense" oder „Diamond Offense" – ohne näher darauf eingehen zu wollen. Das Basketballspiel hat sich seit seiner Erfindung stark entwickelt. Das Spiel ist dynamischer, schneller und athletischer geworden. Entsprechend haben sich auch die Taktiken im Angriff angepasst.

Um als Team gemeinsam erfolgreich anzugreifen, sind fünf allgemeine Merkmale entscheidend: *Tempo, Freiraum, Timing, Entscheidungsverhalten* und *Ballbewegung*.

1. **Tempo:** In Basketballfachkreisen ist auch von *Pace* die Rede. Darunter versteht man die je nach Spielsituation angepasste Geschwindigkeit, in der gespielt wird. Der Aufbauspieler gibt das Tempo vor. Er ist sozusagen der Pacemaker. Will er z. B. mehr Ruhe ins Spiel hineinbringen, verlangsamt er die Pace. Es findet ein ständiger Rhythmuswechsel zwischen schnellerem und langsamerem Spiel statt, was es den Verteidigern schwer macht, sich anzupassen.

2. **Freiraum:** In Basketballfachkreisen ist auch von *Space* oder *Spacing* die Rede. Darunter versteht man das „Platzmachen". Um erfolgreich als Team angreifen zu können, müssen Freiräume geschaffen werden. Ein Dribbler, der in die Zone zieht und dabei über seine eigenen, im Weg stehenden Mitspieler stolpert, wird nicht erfolgreich sein. Ein gutes „Spacing", indem sich z. B. vier Spieler außen an der Dreierlinie postieren, zieht die Verteidigung auseinander und schafft Platz. Die „Offensive Automatics" (s. o.) spielen beim „Spacing" eine entscheidende Rolle.

3. **Timing:** Das richtige *Timing* ist das A und O für ein erfolgreiches Angriffsspiel. Wird z. B. beim Pick & Roll (s. u.) ein Block zu spät gestellt oder hat der Dribbler keine Geduld und attackiert zu früh, besteht die Gefahr, dass der Blocksteller ein Offensivfoul begeht. Der ball-

führende Spieler braucht auch ein gutes Timing, dass er genau zum richtigen Zeitpunkt den Pass spielt. Das Gleiche gilt für den sich freilaufenden Spieler. Der „Cut" muss gut getimt sein.

4. **Entscheidungsverhalten:** Bei einem komplexen Spielsystem gibt es mehrere Ausstiegsmöglichkeiten, in denen der Abschluss (Korbwurf) genommen werden kann. Je besser das *Entscheidungsverhalten* der Spieler ausgeprägt ist, desto hochprozentiger werden die Würfe. Der richtige Zeitpunkt zu werfen, entscheidet oft darüber, ob der Korb erfolgreich ist oder nicht. In vielen Fällen ist es besser, den Ball noch einmal weiter zu einem Spieler zu passen, der eine noch aussichtsreichere Position für einen erfolgreichen Wurf besitzt.

5. **Ballbewegung:** *Ball Movement*, wie es unter Basketballern heißt, ist das ständige Passen des Balls von einem Mitspieler zum nächsten. Man spricht auch von „den Ball laufen lassen". Ziel ist es, den besser postierten Mitspieler zu finden. Es ist ein uneigennütziges Passspiel, das Rhythmus in den Angriff bringt und die Verteidiger dazu zwingt, sich permanent zu bewegen. Idealerweise sind alle fünf Angreifer involviert, kein Spieler schaut nur zu.

Schnellangriff (Fast Break)

Nachdem eine Mannschaft in Ballbesitz kommt, ist der *Schnellangriff* fast immer die erste Option, um zum Korberfolg zu kommen – und das möglichst innerhalb der ersten sechs Sekunden. Statistisch gesehen, sind die Wurfquoten höher, wenn aus dem Schnellangriff abgeschlossen wird, als aus dem Halbfeld gegen Ende der 24-Sekunden-Angriffszeit.

Das Ziel bei einem Schnellangriff ist es, eine Überzahlsituation auszunutzen und so den Angriff mit einem leichten Wurf (Korbleger, Dunking) abzuschließen, bevor sich die Verteidigung formiert hat. Das heißt, wenn die Angreifer nach vorne sprinten und die Verteidiger zu langsam sind, können durch schnelles Passspiel nach vorne leichte Punkte erzielt werden.

Es gibt drei Möglichkeiten, einen Schnellangriff einzuleiten: ein langer Pass weit nach vorne zu einem freien Spieler, ein kurzer, sogenannter *Outlet-Pass* zu einem Spieler, der den Ball schnell nach vorne dribbelt oder der Rebounder dribbelt den Ball selbst nach vorne. Alle Aktionen geschehen in schnellem Tempo.

Das Umschalten von der Verteidigung in den Angriff und umgekehrt nennt man *Transition*. Nach einem Korberfolg des Gegners ist es in der Regel nicht möglich, einen Schnellangriff zu spielen, da die Verteidigung ausreichend Zeit hat, sich zu formieren. Lediglich ein Steal, ein geblockter Wurf oder ein langer Rebound ermöglichen es, in eine Überzahlsituation zu kommen.

Halbfeldangriff (Set Play)

Wenn ein Schnellangriff nicht möglich ist, spielt die Mannschaft einen *Halbfeldangriff*. Bei einem Halbfeldangriff stehen alle fünf Spieler auf ihrer vorher definierten Position, also in der Grundaufstellung. Sobald die Angreifer ihre Position auf dem Feld eingenommen haben, gibt der Spielmacher bzw. Aufbauspieler (meistens der Point Guard) das Spielsystem („Play") mit einem Handzeichen sowie akustisch vor.

Er ruft und zeigt das System und alle Spieler wissen genau, was zu tun ist: einen Block stellen, auf einen Block warten, freilaufen, Platz machen usw. Es gibt zig Systeme (jedes Team hat eigene), die alle bestimmten Regeln und Mustern folgen, in denen klar definiert ist, wo und wann ein Block gestellt wird bzw. wohin ein Laufweg stattfindet. Im Halbfeldangriff ist es neben festgelegten Systemen auch möglich, frei zu spielen und die offensiven Automatismen („Offensive Automatics") zu befolgen.

Pick & Roll

Das *Pick & Roll* (auch *Pick'n'Roll* oder *Pick and Roll* geschrieben) ist die beliebteste Mannschaftstaktik im Angriff überhaupt – nicht nur bei den Profis, sondern auch im Amateurbereich. Coaches kürzen es auch der Einfachheit halber mit „P-R" ab.

Pick & Roll bedeutet *Blocken und Abrollen*. Ein Angreifer stellt seinem Mitspieler, der den Ball hat, einen Block und rollt anschließend zum Korb ab. Durch das Abrollen kann er sich vom Gegenspieler befreien und ist für ein Anspiel bereit. Der ballführende Spieler nutzt den Block, indem er eng am Blocksteller vorbeidribbelt und mit Tempo den Korb attackiert. Er kann entweder selbst mit einem Korbleger oder Sprungwurf abschließen, einen Pass zum abrollenden Blocksteller oder einen Pass zu einem anderen freistehenden Mann spielen.

Eine Variante des Pick & Rolls ist das *Pick & Pop*. Dabei rollt sich der Blocksteller nicht zum Korb ab, sondern „poppt" hinaus zur Dreierlinie und ist dort anspielbereit. Häufig findet das Pick & Roll oder Pick & Pop zwischen einem Innenspieler (Center oder Power Forward) und einem Aufbauspieler (Point Guard) statt. Aber es ist auch mit jedem anderen Spieler möglich. Es ergeben sich aus dem Pick & Roll sehr viele Möglichkeiten, zum Korberfolg zu kommen. Ein Pick & Pop wird beispielsweise gespielt, wenn der große Spieler auch gut von außen treffen kann.

a) Pick & Roll Variante 1

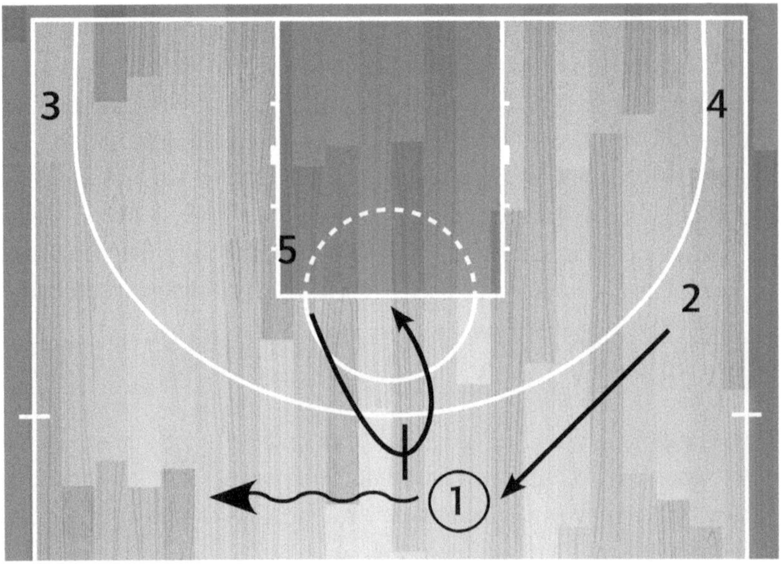

b) Pick & Roll Variante 2

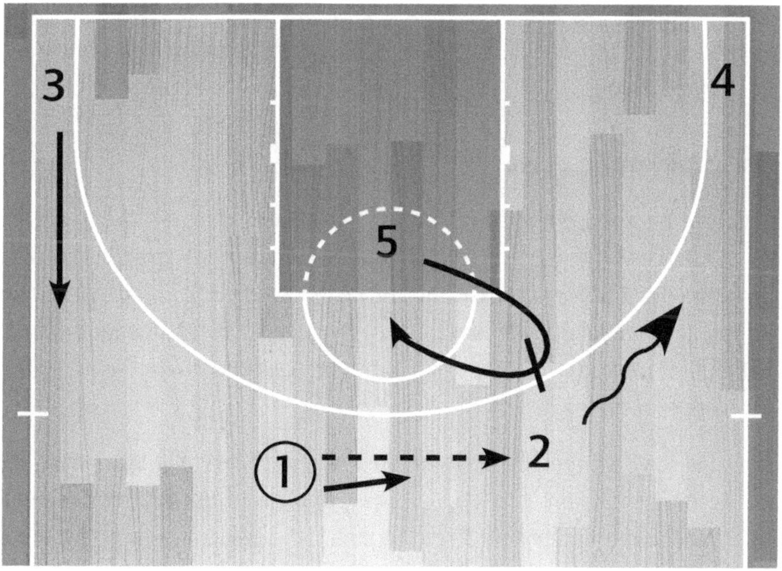

Legende

1: Point Guard	Kreis um Zahl = ballführender Spieler
2: Shooting Guard	\ / = Block
3: Small Forward	___ durchgezogene Linie = Laufweg
4: Power Forward	Schlängellinie = Dribbling
5: Center	---> unterbrochene Linie = Pass

Angriffsrhythmus

Es gibt drei unterschiedliche Philosophien der Cheftrainer bezüglich des *Rhythmus* im Angriff.

Erste Trainerphilosophie

Mit einer aggressiven Verteidigung als Grundlage spielt ein Team, sobald es in Ballbesitz kommt, einen überfallartigen Schnellangriff. Das Ziel ist, schnelle, einfache Punkte in den ersten sechs Sekunden nach dem Rebound zu erzielen. Falls das nicht gelingt, wird der Schnellangriff abgebrochen und das „Set Play" im Halbfeld aufgenommen (Tempo- und Rhythmuskontrolle).

Das „Set Play" ist ein einstudierter Spielzug, nachdem alle Spieler auf ihrer Ausgangsposition stehen. Als erste Option wird der Ball nach innen, zu einem Spieler unter dem Korb, gepasst. Ist das nicht möglich, wird als zweite Option im letzten Drittel der Wurfuhr „Pick & Roll" gespielt (bei acht verbleibenden Sekunden).

Zweite Trainerphilosophie

Auch hier wird aus einer aggressiven Verteidigung heraus ein Schnellangriff gespielt. Wird dieser durch die Verteidigung unterbunden, erlaubt der Trainer ein freies Spiel ohne einstudiertes System, jedoch mit Berücksichtigung der „Offensive Automatics". Hierbei ist Intuition und Kreativität der Spieler gefragt.

Dritte Trainerphilosophie

Statt wie bei der ersten Philosophie erst spät auf der Wurfuhr ein Pick & Roll zu spielen, wird dies deutlich früher umgesetzt. Nach einem kurzen Passspiel mit viel Ball- und Körperbewegung, in das alle Angreifer involviert sind, bringen sich die Angreifer in Position, um ein hohes Pick & Roll zu spielen bei noch 14 bis 16 Sekunden auf der Wurfuhr. Damit bleibt genug Zeit, um daraus, ohne in Hektik zu geraten, einen guten Wurf zu kreieren.

Pick & Roll mit 4-außen-1-innen-Grundaufstellung

Einer der Ersten, der dieses System spielen ließ, war Coach Zeljko Obradovic bei Panathinaikos Athen ab 1999. Dieses Spielsystem ist mittlerweile die Grundidee des modernen Basketballs und ein weit verbreitetes Angriffskonzept in der NBA und im europäischen Basketball. Es besteht aus mehreren, aufeinanderfolgenden Pick & Rolls.

Durch die weite Grundaufstellung mit vier Außenspielern und einem Innenspieler wird die Verteidigung auseinandergezogen. Es entstehen große Räume in der Zone und lange Wege für die Verteidiger. Abhängig von der Rotation und den Hilfen in der Verteidigung ergeben sich Lösungen sowohl unter dem Korb zum abrollenden Spieler als auch auf der Weakside (ballentfernte Seite) des Feldes.

Der ballführende Spieler kann den Korb attackieren und zu einem freien Mitspieler unter dem Korb oder nach außen für den offenen Dreier passen (Fachjargon: „Drive & Kick" oder „Penetrate & Pass"). Es entstehen viele Optionen nach dem ersten oder zweiten Pass sowohl innen (High-Low, Post-ups) als auch außen (Zug zum Korb mit Korbleger, freier Dreier).

Voraussetzung für dieses Spielsystem ist, dass das Team gute Werfer auf allen Außenpositionen besitzt. Eine Schlüsselrolle kommt der Position 4 des Power Forwards zu, der als „Stretch Four" Gefahr von außen ausstrahlen sollte. Im Buch *Basketballtraining* (ab Seite 181) erklärt Dirk Bauermann die „4-Außen-1-Innen-Pick-and-Roll-Offense" mit zahlreichen Ausstiegsmöglichkeiten.

5.2 VERTEIDIGUNGSTAKTIKEN

Während es in der Angriffstaktik darum geht, die Verteidigung „auszuhebeln", gibt es auch in der *Verteidigung* zahlreiche Möglichkeiten, den Angriff des Gegners zu stören. Grundsätzlich unterscheidet man eine *Mann-gegen-Mann-Verteidigung* und eine *Zonenverteidigung* voneinander. Innerhalb dieser Verteidigungsvarianten gibt es viele Optionen. Hinzu kommen die *Verteidigung eines Schnellangriffs* (*Transition Defense*) und die *Pressverteidigung.*

5.2.1 Mann-gegen-Mann-Verteidigung

Bei der *Mann-gegen-Mann-Verteidigung* deckt jeder Verteidiger einen Angreifer. In der Regel deckt der Point Guard den gegnerischen Point Guard, der Shooting Guard den gegnerischen Shooting Guard usw., da sie in der Körperstatur oft ähnlich veranlagt sind. Unabhängig von der Spielerposition kommt es aber auch häufig vor, dass der beste Verteidiger den besten Scorer verteidigt, um ihn „kaltzustellen". In der Mann-gegen-Mann-Verteidigung unterscheidet man die *Verteidigung am Ball, weg vom Ball, gegen den Passgeber, gegen den Werfer* und *gegen einen schneidenden Spieler.* Hinzu kommt, das sogenannte *Close-out,* ein Offensivfoul korrekt annehmen sowie das Ausblocken und Rebounden.

Die gegenseitige Hilfe, die Bereitschaft jedes Einzelnen, nicht nur seinen direkten Gegenspieler zu verteidigen, sondern einem Mitspieler zu helfen, den eigenen Mann zu verlassen, um zu rotieren oder einen anderen Angreifer zu übernehmen, sind charakteristische Eigenschaften guter Mannverteidigungen. Entscheidend für das Funktionieren einer mannschaftlichen Verteidigung ist insbesondere die Einstellung, also die Bedeutung, die jeder einzelne Spieler der Verteidigung beimisst. Diese entscheidet über Sieg und Niederlage.

„Offense sells tickets but defense wins championships" (dt: „Angriff verkauft Eintrittskarten, aber Verteidigung gewinnt Meisterschaften") lautet ein berühmter Spruch im Basketball. Auch in der Defense gibt es klare Regeln, Prinzipien und Abläufe, vor allem, was die Fußarbeit, den Gebrauch der Hände und Winkel betrifft. Es gibt Grundregeln, die auf alle Verteidiger zutreffen (unabhängig von der Spielposition), als auch Prinzipien, die sich auf die Position beziehen.

Verteidigung gegen Angreifer mit Ball

Der gefährlichste Spieler ist immer der, der den *Ball* hat. Denn er kann Punkte erzielen. Deshalb gilt diesem Spieler besondere Beachtung. Unabhängig von der Spielposition gelten für die Verteidigung am ballführenden Spieler die folgenden Regeln.

Hat der Angreifer noch nicht gedribbelt, steht der Verteidiger in Bereitschaftsstellung, das heißt, er macht Druck, ohne geschlagen zu werden, hält eine Armlänge Abstand, er schaut auf den Bauchnabel, um nicht auf Finten hereinzufallen (nur wenn sich der Bauchnabel bewegt, bewegt sich der Spieler), seine Nase ist auf Brusthöhe, um eine ausreichend tiefe Verteidigungsposition zu haben, seine Hände spiegeln den Ball (die mit dem vorderen Fuß korrespondierende Hand ist höher). Wird der Ball unter der Hüfte gehalten, wandern die Hände des Verteidigers ebenfalls nach unten. Wird er über dem Kopf gehalten, ist eine Hand des Verteidigers am Ball.

a) Verteidigung gegen den Dribbler

Sobald der Angreifer mit dem *Dribbling* beginnt, dreht sich der Verteidiger auf und beginnt mit schnellen, dynamischen, kleinen Schritten, den sogenannten *Gleitschritten*. Dabei kreuzen sich die Füße niemals. Da die Gleitschritte der Bewegung einer Krabbe ähneln, nennt man sie auch *Crab Slides*. Der Verteidiger versucht immer, den Angreifer vor sich zu behalten. Schafft er es nicht, legt er kleine Sprints zwischendurch ein.

Hat der ballführende Spieler sein Dribbling beendet, wird er sofort aggressiv attackiert (ganz enge Deckung), ohne zu foulen. Mit den Armen macht er die Passwege zu und verhindert den Wurf.

Ein Aufbauspieler mit Ball ist besonders gefährlich, denn er ist schnell, ein exzellenter Dribbler, Passgeber und Spielmacher. Ein Spieler, der ihn verteidigt, hält eine Armlänge Abstand, um nicht überlaufen zu werden. Ziel des Verteidigers ist es, das Dribbling durch gute Hand- und Armarbeit zu erschweren und ihn zur Spielfeldseite abzudrängen. Das heißt auch: „ Die Mitte zumachen!", den Aufbauspieler nicht über die Korb-Korb-Linie auf die andere Seite dribbeln lassen.

Ebenfalls ist es die Aufgabe des Verteidigers, den Zug zum Korb zu erschweren, da die Spezialität des Point Guards das sogenannte *Penetrate & Pass* bzw. *Drive & Kick* ist, also zum Korb ziehen und hinaus zum freistehenden Werfer passen. Nach Beendigung des Dribblings wird der Aufbau mit intensiver Armarbeit eng verteidigt, um die Pässe zu erschweren.

Ein Spieler auf der Flügelposition ist meist ein hervorragender Schütze, kann zum Korb ziehen, Aufposten und Offensiv-Rebounds holen. Deshalb muss dieser bereits gut verteidigt werden, bevor er den Ball bekommt: immer eng, keinen freien Wurf und Zug über die Mitte zulassen, zur Grundlinie abdrängen, intensive Armarbeit, um Pässe in den Low-Post zu verhindern, Cut-Verteidigung und sofort ausblocken nach dem Wurf.

Bei der Verteidigung eines Centers ist das Ziel, ihm keinen Raumgewinn in Richtung des Korbs zu geben. Voraussetzung dafür ist ein stabiler Stand. Trotz massiven Körperkontakts wird die Verteidigungsstellung mit frontaler Fußstellung aufrecht gehalten. Beim Wurf streckt der Verteidiger beide Arme lang nach oben. Ein Blocken des Wurfs ist nur dann sinnvoll, wenn der Verteidiger deutlich größer oder sprungkräftiger als der Angreifer ist.

Da Centerspieler häufig mit Wurffinten arbeiten, heißt das für den Verteidiger: stehen bleiben und (wenn überhaupt) erst springen, nachdem der Angreifer gesprungen ist. Im Zweifel lieber stehen bleiben, statt den Wurf zu blocken und ein Foul zu kassieren. Nach dem Wurf für den Defensiv-Rebound den Angreifer ausblocken („Box out").

b) Verteidigung gegen den Passgeber

Wenn der Gegenspieler den Ball gepasst hat, springt der Verteidiger sofort nach dem *Pass* in Richtung Ball („Jump into the Pass!"), um sich zur Ebene des Balls zu orientieren. Wird der Ball nach innen zum Center gepasst, sinkt der Verteidiger sofort in Richtung Korb ab und fintiert zum Ball („Dig").

c) Verteidigung gegen den Werfer

Einen guten Verteidiger zeichnet aus, dass er keine freien Würfe zulässt. Seinen direkten Gegenspieler blockt der Verteidiger nicht, auch wenn dies die Regeln natürlich erlauben. Allerdings ist die Wahrscheinlichkeit, den Werfer zu foulen, größer, als den Wurf zu blocken. Deshalb gilt als gute Verteidigungstaktik, Würfe nur von Mitspielern blocken zu lassen, die von der ballentfernten Seite (*Weakside*) zu Hilfe kommen.

Verteidiger, die den *Werfer decken*, haben lediglich die Aufgabe, den Wurf zu stören. Verteidiger auf dem Flügel haben beim Wurf eine Hand auf Ballhöhe. Verteidiger unter dem Korb haben beide Hände oben. Entscheidend ist auch hier das Zylinderprinzip. Der Arm bzw. die Arme des Verteidigers gehen senkrecht nach oben. Beim Schlagen nach dem Ball würden sie ihren Zylinder verlassen (Foulgefahr). Der Verteidiger am Werfer sollte nicht auf Wurffinten hereinfallen und immer erst nach dem Angreifer springen.

d) Close-out

Das *Close-out* ist eine der wichtigsten Skills eines Verteidigers. *Close-out* bedeutet *ausschließen*, dass der Angreifer einen freien Wurf bekommt oder unbedrängt zum Korb zieht. Wenn ein Angreifer den Ball an der Dreierlinie bekommt und es ist kein direkter Verteidiger bei ihm, sprintet ein helfender Verteidiger auf den Gegner zu. Bei zwei Drittel der Entfernung entschleunigt er und stoppt mit zwei Armlängen Abstand zum Angreifer mit einem sogenannten *Stotterschritt* in weiter Fußstellung ab (kleine, abgehackte Schritte). Er hat dabei eine Hand oben, um den Wurf zu erschweren. Der Abstand ist wichtig, um sich auf keinen Fall mit einem Durchbruch überspielen zu lassen – vor allem darf der Verteidiger nicht den Zug über die Mitte zulassen.

Der Close-out kommt häufig bei drei Spielsituationen vor: *Pick & Roll, Drive & Kick* und *In & Out*. Beim *Pick & Roll* der angreifenden Mannschaft kommt es häufig zu einem Skippass auf die andere Seite des Feldes, sodass ein helfender Verteidiger zum Close-out sprinten muss.

Beim *Drive & Kick* zieht der ballführende Spieler zum Korb. Wenn ihn sein direkter Verteidiger nicht halten kann, kommt ein Mitspieler zu Hilfe. Der Dribbler passt dann nach außen zum freien Mitspieler an der Dreierlinie (Kick). Eine weitere Close-out-Situation für die Verteidigung.

Eine dritte Spielsituation ist das *In & Out*: Nach einem Pass zum Innenspieler zieht sich die Verteidigung meist nach innen zusammen, der Center passt wieder raus zum freien Spieler an der Dreierlinie, sodass die Verteidigung Close-out spielen muss.

e) Offensivfoul annehmen

Sehr gute und clevere Verteidiger besitzen die Fähigkeit, ein *Offensivfoul* des ballführenden Spielers anzunehmen. Das kommt vor, wenn ein Dribbler mit voller Geschwindigkeit den Korb attackiert. Der Verteidiger antizipiert den Durchbruch, indem er sich genau auf die richtige Stelle bewegt – außerhalb des No-charge-Halbkreisbereichs, denn nur dort kann ein Angreifer ein Offensivfoul begehen. Der Verteidiger steht stabil mit den Armen vor dem Körper überkreuzt, um die Weichteile zu schützen, hält die Luft an (Spannung im gesamten Körper) und nimmt den Kontakt mit der Brust auf. In der Regel fällt er nach hinten und landet auf dem Po und stützt den Fall mit den Händen ab.

Verteidigung gegen Angreifer ohne Ball

Als Grundregel für die Verteidigung eines *Angreifers ohne Ball* gilt: „Immer Mann und Ball sehen!" Es gibt zwei Positionen des Verteidigers weg vom ballführenden Spieler: erstens die geschlossene Position, die den direkten Passweg schließt *(Deny Defense*) sowie zweitens die offene, hilfeorientierte Position (*Helpside Defense*). Direkte Pässe, die nur einen Pass entfernt sind, werden im Anspielweg mit der Deny Defense verteidigt. Alle indirekten Pässe (zwei Pässe weit entfernt) werden mit der Helpside Defense verteidigt.

a) Deny Defense

Die Verteidiger, die einen Passweg vom ballführenden Spieler entfernt sind, spielen eine *Deny-Verteidigung* (deny = dt. verweigern/abweisen). Der Verteidiger kann dabei unterschiedlich hoch im Anspielweg stehen – je höher, desto aggressiver, aber auch risikoreicher. Er hat eine Hand in der Passlinie und sieht den Ball und seinen Gegenspieler (peripheres Sehen). Ziel des Verteidigers ist es, den Pass zu seinem Gegenspieler nicht zuzulassen, indem er den Anspielweg mit seinem Körper und Arm versperrt bzw. erschwert.

b) Helpside Defense

Die Verteidiger, die sich auf der ballentfernten Seite befinden und mehr als einen Passweg vom Ball entfernt sind, sinken grundlegend etwas stärker ab (ca. bis zur Korb-Korb-Linie) und stehen somit in der Helpside. Wird nun der am Ball verteidigende Spieler geschlagen, ist die *Helpside* zur Stelle, um einen einfachen Korb zu verhindern. Da nun die Gegenspieler der Helpside-Verteidiger frei sind, wird nach dem Prinzip „Help the Helper" weiter verteidigt.

Die Gegenspieler, die die größte Gefahr darstellen, werden natürlich zuerst übernommen. Die Grundstellung der Helpside ist ein weiter Stand mit seitlich ausgestreckten Armen (breit machen). Der Helpside-Verteidiger steht zwischen dem Ball und dem eigenen Mann und sieht beides.

c) Cut Defense

Cut Defense ist die Verteidigung eines schneidenden Spielers. Der Cutter will den Verteidiger durch einen plötzlichen Antritt zum Korb oder zum

Ball überraschen. Er will sich freilaufen und den Ball bekommen, idealerweise zum Wurf. Aufgabe des Verteidigers ist, genau dies zu verhindern. Der Verteidiger sollte jederzeit auf einen Cut vorbereitet sein, darf sich nicht überlaufen lassen und (ganz wichtig) darf den Cutter nicht zwischen sich und den Ball schneiden lassen (*Ball-You-Man-Prinzip*). Der Verteidiger schließt mit seinem Körper und aktiver Armarbeit den Passweg zum Cutter (Deny).

d) Ausblocken und Rebound

Das *Ausblocken* nach einem Wurf gilt für alle fünf Verteidiger auf dem Feld. Ziel ist es, zu verhindern, dass die angreifende Mannschaft nach einem Fehlwurf den vom Korb abprallenden Ball bekommt (Offensiv-Rebound), sondern dass die Verteidigung selbst den Ball fängt (Defensiv-Rebound). Grundvoraussetzung dafür ist ein gutes Ausblocken oder Ausboxen („Box-out") des eigenen Gegenspielers.

Der Verteidiger versperrt seinem Gegenspieler den Weg nach innen, indem er zunächst Kontakt zu ihm aufbaut (Check mit dem Arm), gleichzeitig den Flug des Balls beobachtet und seinen Gegenspieler im Blick hat (peripheres Sehen) und auf dessen Aktion reagiert. Will der Angreifer zum Korb laufen, um sich den Rebound zu schnappen, dreht sich der Verteidiger mit einem Sternschritt, sodass er ihn im Rücken hat („Box-out"). Er blockt ihn aus und verhindert so den Laufweg.

Blocken alle Verteidiger ihre Gegenspieler konsequent aus, hat kein Angreifer die Chance, an den Ball zu kommen. Wenn der vom Korb abspringende Ball sogar auf dem Boden landet, gilt das als großer Erfolg der Defense – spricht das doch für ein hervorragendes Ausblockverhalten nach einem Wurf.

Eine Coachingweisheit lautet: „Wer die Bretter beherrscht, beherrscht das Spiel." Oft gewinnt die Mannschaft, die am Ende des Spiels mehr Rebounds gesammelt hat. Rebounding ist in erster Linie Einstellungssache, also der Wille und die Entschlossenheit, seinen Gegner auszublocken und anschließend mit einem guten Timing und Gespür aggressiv an den Ball zu kommen. Kein Spieler schaut nach einem Wurf einfach nur zu.

Mann-gegen-Mann-Verteidigung über das ganze Feld

Bei der *Mann-gegen-Mann-Verteidigung* deckt jeder Verteidiger seinen direkten Gegenspieler überall dort, wo sich dieser gerade befindet – und zwar über das gesamte Feld. Dadurch wird der Spieler in Ballbesitz sofort gestört und kann nicht mehr so gut auf freie Mitspieler achten. Außerdem müssen sich seine Mitspieler erst freilaufen, was einen organisierten Angriff erschwert.

Die Verteidiger können durch druckvolle Verteidigung versuchen, die angreifende Mannschaft daran zu hindern, den Ball innerhalb von acht Sekunden in das Vorfeld zu bringen. Ansonsten bedeutet dies einen Regelverstoß der angreifenden und Einwurf für die verteidigende Mannschaft. Eine Mann-gegen-Mann-Verteidigung über das gesamte Feld ist sehr kräftezehrend. Insofern wird sie nur hin und wieder mal im Laufe des Spiels als taktisches Mittel eingesetzt, es sei denn, das Spiel neigt sich dem Ende zu und es geht um Sieg oder Niederlage.

5.2.2 Zonenverteidigung

Die *Zonenverteidigung* wird auch als *Ball-Raum-Verteidigung* bezeichnet. Der Unterschied zur Mann-gegen-Mann-Verteidigung besteht darin, dass jeder Verteidiger für einen bestimmten Raum zuständig ist und somit keinen direkten Gegenspieler hat. Er „deckt" einen bestimmten Raum. Durch diese Verteidigung soll erreicht werden, dass der besonders gefährdete Bereich in Korbnähe gut gesichert ist. Jeder Spieler hat, entsprechend seiner Position und der des Balls, bestimmte Deckungsaufgaben zu lösen. Es gibt vier Gründe, warum sich eine Mannschaft für eine Zonenverteidigung entscheidet:

1. Der Gegner hat gute Einzelspieler, die zum Korb ziehen können, also im Spiel 1:1 schwer zu stoppen sind. Der individuelle Nachteil wird durch kollektives Verteidigen in der Zone ausgeglichen.

2. Der Gegner hat sehr große Spieler auf dem Feld, die gegen eine Mann-gegen-Mann-Verteidigung zu sehr im Vorteil wären (Würfe in Korbnähe, Rebounds).

3. Der Gegner strahlt keine Gefahr von der Dreierlinie aus, weil er keine guten Schützen von außen hat.

4. Die eigene Mannschaft ist mit zu vielen Fouls belastet.

Die am häufigsten zu beobachtende Zonenaufstellung ist die *2-1-2-Zone*. Die Aufstellung gleicht der Zahl 5 auf einem Würfel. Dabei stehen zwei Verteidiger vorne, einer in der Mitte und zwei hinten. Die kleineren und schnelleren Verteidiger (Spielerposition 1 und 2) stören den Spielaufbau, die größeren Spieler der Positionen 3, 4 und 5 schirmen den Raum in Korbnähe ab und sind für den Rebound verantwortlich.

Das Prinzip bei der Zonenverteidigung ist, dass der Spieler mit Ball immer direkt angegriffen, also eng gedeckt wird, da von ihm die größte Gefahr ausgeht (Durchbrüche zum Korb, Distanzwürfe). Die anderen Verteidiger verschieben sich zum Ball, als wären alle mit einem Gummiband verbunden. Dadurch wird der Raum zwischen Ball und Korb geschlossen. Die Verteidiger müssen immer wieder Angreifer, die sich durch den eigenen Verteidigungsraum bewegen, an den nächsten zuständigen Verteidiger übergeben. Alle Verteidiger versuchen, den Ball zu sehen und nehmen oft auch die Arme nach oben, um Pässe quer durch die Zone zu erschweren.

Weitere Zonenaufstellungen sind *3-2* (drei vorne, zwei hinten), *2-3* (zwei vorne, drei hinten), *1-2-2* (einer vorne, zwei in der Mitte, zwei hinten) und *1-3-1* (einer vorne, drei in der Mitte, einer hinten). Alle Aufstellungen haben Vor- und Nachteile und werden je nach Aufstellung bzw. den Stärken und Schwächen des Gegners angepasst.

Während bestimmte Bereiche auf dem Feld besonders intensiv verteidigt werden, werden andere Räume mehr vernachlässigt. Als Grundvoraussetzung für eine gelungene Zonenverteidigung bringen die Verteidiger eine gute Spielübersicht mit und kommunizieren exzellent miteinander, das heißt, sie reden laut miteinander. Während bei der Mann-gegen-Mann-Verteidigung ein starker Verteidiger großen Einfluss ausüben kann, ist bei der Zonenverteidigung noch mehr Teamwork gefragt.

Die Nachteile der Zonenverteidigung sind, dass sie sehr anfällig durch schnelles Passspiel der angreifenden Mannschaft ist und es so zu Überlagerungen und Seitenwechsel kommt. Außerdem ist sie anfällig für Würfe von der Dreierlinie. Nicht zuletzt ist es schwieriger, sich nach einem Schnellangriff richtig zu formieren.

Wenn nicht alle Spieler zu hundert Prozent miteinander „klicken", ist die Ball-Raum-Verteidigung aussichtslos. Aus diesen Gründen sieht man im Profibereich vorrangig die meist wirksamere Mann-gegen-Mann-Verteidigung. Die Zonenverteidigung wird oft als taktisches Überraschungsmoment für den Gegner benutzt.

5.2.3 Verteidigung eines Schnellangriffs

Die *Verteidigung des Schnellangriffs* wird im Fachjargon auch als *Transition Defense* bezeichnet. Es handelt sich dabei meist um eine Verteidigung in Unterzahl, da ein Schnellangriff nur sinnvoll ist, wenn eine Überzahlsituation ausgenutzt werden kann. Ziel der Verteidigung ist es demnach, die Unterzahl so schnell wie möglich zu beenden, indem alle fünf Spieler sofort mit höchster Intensität zurücksprinten. Kein Profispieler trauert einer vertanen Chance hinterher oder diskutiert mit dem Schiedsrichter, während der Ball belebt ist. Die Verteidiger sehen dabei zu jedem Zeitpunkt den Ball. Aufgabe ist es, die Angreifer beim Dribbeln oder Passen zu stören.

Die *Transition Defense* beginnt, indem der Spieler, der den Rebound geholt hat, abgeschirmt wird, um ein Anspiel zu einem freien Mann zu erschweren. Insbesondere der verteidigende Point Guard sorgt dafür, den ersten Pass (Outlet-Pass) durch enge Deckung zu unterbinden. Dabei gilt es vor allem, den Pass oder das Dribbling zur Mitte zu behindern, da die meisten Schnellangriffe über die Mitte gelaufen werden.

Idealerweise wird der Dribbler mit druckvoller Verteidigung zur Seite abgedrängt. Die Seitenauslinie ist dabei der Freund der Verteidigung. Ziel ist es, den Ball zu verlangsamen, um Zeit zu gewinnen, damit sich die Verteidigung sortieren kann. Bei der Transition Defense orientieren sich die Verteidiger in Richtung Ball und stellen damit eine Überzahl am Ball her. Nie verlässt ein Verteidiger den ballführenden Spieler, um den eigenen Mann aufzunehmen.

Am Ende heißt es, lieber einen Wurf als einen Korbleger oder Dunk zuzulassen. Extrem wichtig ist die klare Kommunikation zwischen den Verteidigern (Wer übernimmt wen?). Es gibt Coaches, die die Anweisung an ihre Spieler geben, jeden Schnellangriff des Gegners mit einem taktischen Foul zu unterbinden, solange die Mannschaftsfoulgrenze noch nicht erreicht ist. Damit soll verhindert werden, dass sich die gegnerische Mannschaft in einen Rausch spielt und in fremder Halle die Fans euphorisiert werden.

5.2.4 Pressverteidigung

Die *Pressverteidigung* wird umgangssprachlich auch als *Presse* abgekürzt. Es ist die intensivste Form der Verteidigung. Es wird zwischen *Mann-Presse, Zonen-Presse* und *Einwurf-Presse* unterschieden. Alle Varianten verfolgen das Ziel, größten Druck auszuüben, um Fehler im Spielaufbau bis hin zum Ballverlust zu provozieren.

Charakteristisches Merkmal der Pressverteidigung ist das Doppeln des ballführenden Spielers. Eine Presse stört den gegnerischen Spielrhythmus und kann dem Spiel eine entscheidende Wende geben. Die Fehlerquote der Angreifer kann dadurch enorm erhöht werden. Besonders bei einer Aufholjagd bei einem Rückstand gegen Ende der Spielzeit kommt sie zur Anwendung, um einen schnellen Ballgewinn zu erreichen.

Gelingen der verteidigenden Mannschaft durch die Pressverteidigung mehrere Ballgewinne hintereinander, stärkt es einerseits den Teamgeist und kann den Gegner demoralisieren, vor allem den Aufbauspieler. Andererseits bringt eine Presse auch Nachteile mit sich, da sie zum einen für die Verteidiger sehr kräfteraubend ist und zum anderen die Foulgefahr erhöht. Abgesehen davon, ist sie in ihrer Ausführung sehr komplex und muss gründlich trainiert werden. Aus diesen Gründen wird sie nicht als Standardverteidigung angewandt, sondern entfaltet ihre größte Wirksamkeit, wenn die gegnerische Mannschaft damit überrascht wird.

Bei der *Mann-Presse* decken die Verteidiger, die nicht am Ball sind, zwischen Ball und Gegenspieler. Dadurch hat der Aufbauspieler große Schwierigkeiten, einen freien Mitspieler zu finden. Die Verteidiger agieren extrem aggressiv, machen sämtliche Passwege zu und setzen den Dribbler unter Druck. Die Mann-Presse wird über das gesamte Feld gespielt. Es wird versucht, bereits den Einwurf abzufangen. Es ist oft das letzte Mittel zum Aufholen eines knappen Rückstands am Spielende.

Bei der *Zonen-Presse* will man vor allem den Druck auf den Spieler mit Ball erhöhen. Der Ballbesitzer wird an bestimmten Stellen am Spielfeldrand gedoppelt, nachdem er auf die Seite abgedrängt wurde (*Trap Defense*). Dadurch wird der Bewegungsspielraum des Dribblers stark eingeschränkt. Gelingt der Verteidigung das Doppeln des ballführenden Spielers, ist sie auf dem übrigen Feld in Unterzahl. Sie muss daher, ohne zu foulen, großen Druck auf den Ballbesitzer ausüben, um einen schlechten Pass zu erzwingen.

Die *Einwurf-Presse* ist eine Pressverteidigung gegen einen Einwurf. Sie wird insbesondere nach einem erfolgreichen Wurf beim Grundlinieneinwurf des Gegners angewendet, kommt aber auch bei Einwürfen von der Seitenlinie vor. Bei der Einwurf-Presse macht sich die verteidigende Mannschaft die Überzahl zunutze (fünf Verteidiger und vier Angreifer auf dem Feld).

Dem Verteidiger des einwerfenden Spielers kommt eine Schlüsselrolle zu. Er kann entweder mit intensiver Armarbeit den Einwurf erschweren (großer Spieler mit langen Armen) und hoffen, dass es der Einwerfer nicht schafft, den Ball innerhalb von fünf Sekunden einzuwerfen. Andererseits kann der Verteidiger des Einwerfers sich auch mit dem Rücken zum Einwerfer stellen, um einen sich zum Ball anbietenden Spieler von vorne zu verteidigen. Er kann den potenziellen Ballempfänger doppeln – bevor oder nachdem er den Ball bekommt.

Alle anderen Verteidiger machen die Passwege dicht und blockieren Cut-Bewegungen zum Ball. Es kann schon ein Erfolg für die Verteidiger sein, wenn nicht der Aufbauspieler den Pass aus dem Einwurf bekommt, sondern z. B. ein Spieler, der schlecht von der Freiwurflinie trifft. In den letzten Sekunden des Spiels ist häufig zu beobachten, dass dieser Spieler (um einen Rückstand aufzuholen) mit einem taktischen Foul an die Freiwurflinie geschickt wird – in der Hoffnung, dass er verwirft und die zuvor verteidigende Mannschaft wieder in Ballbesitz kommt, um selbst Punkte zu erzielen.

★ 6 ★

DIE SPIELERPOSITIONEN

Im modernen Basketball gibt es immer mehr Spieler, die hervorragende Allroundqualitäten besitzen, wie z. B. LeBron James oder Giannis Antetokounmpo. Auch Spielsysteme und Taktik werden immer komplexer. Das macht es zunehmend schwieriger, eindeutige *Positionen* zu unterscheiden.

Es gibt „Bigmen", die hervorragend mit dem Ball umgehen und Dreier werfen können. Sie werden als *Stretch Four* oder *Point Forward* bezeichnet. Ebenso sieht man Guards, die das Körperspiel eines Centers beherrschen. Dirk Nowitzki hat während seiner Karriere das Basketballspiel revolutioniert, indem er als Erster Seven-Footer, also Spieler über 2,10 m Körperlänge, ein herausragender Schütze war.

Mittlerweile tummeln sich viele Spieler seiner Größe in den stärksten Ligen der Welt, die seinem Beispiel als große Werfer folgten und zu den gefragtesten Spielern überhaupt wurden, wie beispielsweise Kevin Durant und Kristaps Porzingis in der NBA oder Maxi Kleber und Johannes Voigtmann in der deutschen Nationalmannschaft.

Die Aufstellungen der Mannschaften unterscheiden sich sehr. Es gibt kleine Aufstellungen, also mit vier körperlich kleinen Spielern und nur einem großen auf dem Feld. Damit verfolgt der Coach das Anliegen, im Angriff schnell zu spielen und in der Verteidigung viel Druck auszuüben. Das geht aber auch zulasten der Rebounds.

Trainer spielen aber auch gerne mal mit großen Aufstellungen, in denen es nur einen Kleinen auf dem Feld gibt. In dem Fall möchte man sein Reboundverhalten verbessern und im Angriff insbesondere unter dem Korb einen Vorteil ausnutzen.

Auch wenn die klassischen Spielerpositionen aufgrund der veränderten Spielsysteme und -konzepte dem Aussterben geweiht sind, ist es durchaus sinnvoll, zur Verdeutlichung der verschiedenen Spielertypen eine Mannschaft zumindest grob in die fünf klassischen Positionen einzuteilen. Diese sind *Point Guard, Shooting Guard, Small Forward, Power Forward* und *Center.*

6.1 POINT GUARD

Der *Point Guard* ist der Aufbauspieler eines Teams. Er wird auch als *Playmaker* bezeichnet, also als Spieler, der die Spielsysteme („Plays") vorgibt. Er zeigt die Spielzüge an, leitet Angriffsaktionen ein und verteilt die Bälle. Oftmals ist der Point Guard der kleinste, aber auch der schnellste Spieler eines Teams. Viel seltener sind große Aufbauspieler wie der deutsche Nationalspieler Isaac Bonga (2,03 m).

Neben exzellenten Ballhandling- und Passskills braucht ein guter Point Guard Übersicht und Spielverständnis. In der Defensive kümmert er sich hauptsächlich um den besten gegnerischen Ball-Handler und versucht, den Spielaufbau zu stören. Im modernen Basketball gibt es neben dem klassischen „Pass-First Point Guard" auch den „Shoot-First Point Guard", der nicht nur den Spielaufbau in die Hand nimmt, sondern selbst den Abschluss sucht und in der Regel viele Punkte macht. Ein „Shoot-First Point Guard" ist z. B. Stephen Curry.

Skills: Ballhandling (Dribbeln), Passen, Übersicht, Führungsqualitäten, Schnelligkeit.

Körper: nicht zwingend groß.

Verteidigung: Ballhandler stoppen, Spielaufbau stören.

Fun Fact: Der kleinste Aufbauspieler aller Zeiten in der NBA war Tyrone „Muggsy" Bogues mit nur 1,59 m. Trotz seiner fehlenden Zentimeter legte er beachtliche Statistiken auf. In seinen 14 NBA-Jahren zwischen 1988-2001 hatte er einen Karriereschnitt von 7,7 Punkten, 7,6 Assists, 2,6 Rebounds und 1,5 Steals in 28,6 Minuten pro Spiel.

6.2 SHOOTING GUARD

Im sogenannten *Backcourt* agiert neben dem Point Guard noch der *Shooting Guard*. Häufig ist er der beste Werfer einer Mannschaft und etwas größer als der Point Guard. Wie der Name bereits verrät, besteht seine Hauptaufgabe darin, zum Abschluss zu kommen. Daher muss er zum einen in der Lage sein, selbst Würfe zu kreieren, aber auch beweglich und stets anspielbar sein. Teilweise muss er auch die Aufgaben des Point Guards übernehmen.

Deswegen braucht er neben einem guten Wurf ein ähnliches Skillset wie der Point Guard. Allerdings ist seine Spielweise in der Regel etwas offensiver. Seine Hauptaufgabe in der Defensive ist das Verteidigen der gegnerischen Außenspieler. Bekanntester Vertreter eines Shooting Guards ist Michael Jordan.

Skills: Werfen, Ballhandling, Passen, Freilaufen.

Körper: bis 2 m groß und athletisch.

Verteidigung: Außenspieler verteidigen.

Fun Fact: Michael Jordan ist den meisten als herausragender Scorer mit spektakulären Dunks in Erinnerung. Dass er seinerzeit auch ein großartiger Verteidiger war, wissen die wenigsten. Neun Saisons wurde er zum besten Verteidiger auf seiner Position gewählt (NBA All-Defensive Team).

6.3 SMALL FORWARD

Der *Small Forward* ist meistens der vielseitigste Spieler und somit auch oft der athletischste. Ein guter Small Forward vereint die Skills der restlichen Positionen in einer Person. Er punktet unter dem Korb und aus dem Feld, holt Rebounds und braucht gute Pass- und Verteidigerqualitäten. Meist ist er größer und kräftiger als der Shooting Guard, aber kleiner als der Power Forward und der Center. Auch Durchsetzungskraft und die Fähigkeit, zum Korb zu ziehen, sind wichtig für Small Forwards.

Skills: Vielseitigkeit (Punkten, Rebounds, Passen, Schnelligkeit).

Körper: athletisch.

Verteidigung: Allrounder.

Fun Fact: Zu den besten Small Forwards aller Zeiten in der NBA gehören: 1. LeBron James, 2. Larry Bird, 3. Julius Erving, 4. Kevin Durant, 5. Elgin Baylor, 6. Scottie Pippen, 7. John Havlicek, 8. Rick Barry, 9. James Worthy, 10. Dominique Wilkins.

6.4 POWER FORWARD

Wie der Name schon andeutet, ist das Spiel des *Power Forwards* sehr kraftvoll und athletisch. Er muss da hingehen, wo es wehtut und sich unter dem Korb durchsetzen. Im Idealfall ist er groß und kräftig gebaut. Er hat ähnliche Aufgaben wie der Center, also Rebounds holen, unter dem

Korb punkten, Putbacks verwerten etc. Generell hat er aber einen größeren Radius, als nur direkt unter dem Korb. Besonders wichtig ist auch das Spiel ohne Ball, sprich Blöcke stellen und engagiert verteidigen.

Er muss in der Lage sein, bewegliche Spieler ebenso wie bullige Innenspieler zu verteidigen. Im modernen Basketball spielen die Power Forwards immer häufiger mit dem Gesicht zum Korb, sind ausgezeichnete Werfer und außerdem in der Lage, mit einem Dribbling den Korb zu attackieren. Bekannte Vertreter sind Dirk Nowitzki, Tim Duncan, Karl Malone, Charles Barkley, Kevin Garnett und Dennis Rodman.

Skills: Rebounds, Putbacks (abprallende Bälle im Korb verwandeln), Werfen, Blocks (Würfe blocken), Screens (Blöcke stellen).

Körper: kräftig.

Verteidigung: körperbetont, Verteidigung am Außen- und Innenspieler.

Fun Fact: In der NBA sind die Power Forwards zwischen 2,03 m und 2,13 m groß. Trotz des Durchschnitts gibt es eine Vielzahl an Power Forwards, die eine Rolle als sogenannter *Tweener** übernehmen und auf der Small-Forward oder Center-Position spielen – abhängig von den Matchups und Trainerentscheidungen. Einige Power Forwards spielen oft auf der Center-Position und haben die Skills dafür, aber nicht die Körperlänge. Dennis Rodman hatte die Größe eines Shooting Guards oder Small Forwards mit „nur" 2,01 m, spielte aber erfolgreich als klassischer Power Forward unter dem Korb und ist einer der besten Rebounder aller Zeiten in der NBA (Karriereschnitt: 13,1 Rebounds pro Spiel).

*Die Wortschöpfung leitet sich von *between* (deutsch: *zwischen*) ab.

6.5 CENTER

Die wohl prominenteste Position im Basketball ist die des *Centers*. Es sind in der Regel die größten und kräftigsten Spieler und sie agieren hauptsächlich in der Zone – sowohl in der Offensive, als auch in der Defensive. Der Center muss sich unter dem Korb durchsetzen, anbieten und Rebounds holen. Er muss mit dem Rücken zum Korb (*Post-up*) spielen können. Ist ein Spieler nicht nur groß und kräftig, sondern noch dazu schnell und beweglich, wird er als Center nur schwer zu stoppen sein. Center, die neben einem starken Inside-Spiel noch einen guten Wurf haben, sind die begehrtesten Spieler. Zu den Center-Legenden in der NBA mit einem gut ausgestatteten Wurf aus der Mitteldistanz zählen Hakeem Olajuwon, David Robinson oder Patrick Ewing.

Skills: Rebounds, Spiel unterm Korb, Spiel mit dem Rücken zum Korb, Werfen.

Körper: groß und kräftig.

Verteidigung: Blocks, Rebounds, Physis.

Fun Fact: Mit insgesamt 23.924 Rebounds und einem Karriereschnitt von 22,9 Rebounds pro Spiel hält der Center Wilt Chamberlain den NBA-Rekord bei den Rebounds, der zwischen 1959-1973 die stärkste Liga der Welt dominierte. In seiner besten Saison (1960-61) machte „Wilt the Stilt" (deutsch: Der Pfahl/Pfeiler) sogar 27,2 Rebounds pro Spiel. Abgesehen davon, war Chamberlain ein begnadeter Punktesammler. Nicht nur erzielte der Center 1962 in einem Spiel 100 Punkte, sondern hatte am Ende der gleichen Saison auch 50,4 Punkte pro Spiel (von insgesamt 80 Spielen) in der Statistik stehen.

6.6 STRETCH FOUR

Ein *Stretch Four* ist ein Power Forward (Position 4). Er positioniert sich im Angriff, statt wie im klassischen Sinne unter dem Korb, hinter der Dreierlinie. Denn er ist ein sehr guter Schütze und kann auch zum Korb ziehen. Dirk Nowitzki war einer der ersten „Stretch Four" in der NBA. Mit einer „Stretch Four" auf dem Feld gibt es in der Aufstellung im Angriff vier Außenspieler und einen Innenspieler. Es wird sogenannter *Small Ball* gespielt.

6.7 POINT FORWARD

Ein *Point Forward* ist eine Mischung aus „Point Guard" und „Small oder Power Forward". Es handelt sich hierbei um einen großen athletischen Spieler, der ein gutes Ballhandling, Passqualitäten und Spielübersicht besitzt und somit auch den Spielaufbau übernehmen kann. Bekannte „Point Forwards" sind bzw. waren Earvin „Magic" Johnson (2,06 m), LeBron James (2,03 m) oder bei Alba Berlin Luke Sikma (2,03 m).

★ 7 ★

DIE SPIELER

Im Unterschied zum Fußball ist im Basketball jeder *Spieler* Angreifer und Verteidiger zugleich. Die athletischen und technischen Anforderungen an die Spieler sind immens hoch. Das zu erreichende Ziel (lies: Korb) hängt in 3,05 m Höhe und hat einen Durchmesser von nur 45,72 cm (die Fläche des Korbs entspricht weniger als 1 % eines Fußballtors). Ohne Präzision beim Wurf mit ausgefeilter Koordination gelingt kein Treffer.

Das Spieltempo im Basketball ist eines der schnellsten aller Sportspiele überhaupt. Die Spieler machen ständige Richtungs- und Tempowechsel vorwärts, seitwärts, diagonal und rückwärts, bremsen ab und beschleunigen, springen und landen. Die körperlichen Voraussetzungen der Spieler werden immer wichtiger: Sie brauchen Kraft, Schnelligkeit, Ausdauer, Sprungkraft und Koordination über einen Zeitraum von 1:45 Stunden, was einer durchschnittlichen Spieldauer ohne Verlängerung entspricht (in der NBA 2:15 Stunden).

Jeder Spieler setzt sich im Basketball damit einer hohen Gelenkbelastung auf die Wirbelsäule, Hüfte, Knie und Sprunggelenke aus. Zudem muss ein Spieler geistig topfit sein, um dem komplexen Regelwerk und der Spieltaktik Herr zu werden. Die Spieler werden nicht nur physisch an ihre Grenzen geführt, sondern stellen sich in Spielen auch mentalen bzw. psychischen Herausforderungen. Der Druck steigt bei engem Spielstand, jedes spielerische Detail kann am Ende über Sieg und Niederlage entscheiden.

Die Anforderung im Angriff sind vielfältig. Hierzu zählen den Ball sichern, den Raum zum gegnerischen Korb überwinden, gezielt auf den Korb werfen, Freilaufen, Passen, Schneiden, Dribbeln, Blöcke stellen und Rebounden. Ebenso umfangreich sind die Anforderungen in der Verteidigung: Korbaktionen verhindern, Würfe blocken, Bälle stibitzen, versuchen, in Ballbesitz zu kommen, im Passweg stehen sowie eine intensive Bein- und Armarbeit in der tiefen Verteidigungsgrundposition.

7.1 SAISONROUTINE IN DER NBA

Die *körperliche Belastung* für die Spieler ist enorm. Eine NBA-Saison dauert von Herbst bis Frühsommer. Eine lange Folge von 82 Spielen in der regulären Saison – alle zwei, drei Tage eins. Für die besseren Mannschaften können es mit den Playoffs über 100 werden. Die Hälfte davon wird auswärts gespielt. Die Mannschaften sind über ein halbes Jahr lang nahezu ständig unterwegs – quer über den amerikanischen Kontinent von Portland im Nordwesten bis nach Miami in Florida (Luftlinie 4.341 km) oder von Boston nach Los Angeles (4.174 km). Durchschnittlich 1.000 km legt jedes der 30 Teams pro Spiel an Reisedistanz zurück, das heißt, pro Saison reist jedes Team ca. 11,5-mal um die Erde – ohne Playoff-Spiele!

Die Welt eines NBA-Spielers besteht aus 29 Arenen (die L.A. Lakers und Clippers teilen sich eine), 29 Hotels, 28 Flughäfen, einem eigenen Bett bei Heimspielen, einem Wohnsitz für den Sommer zwischen den Saisons. Selbst wenn die Teams zu Hause sind, sitzen sie immer auf gepackten Koffern. Länger als eine Woche bleiben sie nie an einem Ort. NBA-Spieler sind Nomaden, aber sie sehen nicht viel von der Welt, durch die sie ziehen.

Der durchschnittliche NBA-Spieler spielt nicht länger als drei Saisons in der stärksten Liga der Welt. Für viele bedeuten Verletzungen und körperliche Probleme das frühe Karriereende oder eine Fortsetzung der Karriere auf niedrigerem Niveau. Mehr als 10 Jahre in der NBA sind bemerkenswert. Laufbahnen wie die von Dirk Nowitzki, Vince Carter oder Robert Parish sind die absolute Ausnahme.

7.2 TRAININGSALLTAG IN DER BUNDESLIGA

In der Basketball-Bundesliga sind die *Anforderungen* und *Belastungen* nicht ganz so hoch wie in der NBA. Aber auch die BBL-Profis ordnen ihr Leben während einer Saison komplett den Vorgaben des Klubs, wie Trainings- und Spielterminen, unter. Freizeit haben sie nur sehr wenig. Ein gewöhnlicher Tag richtet sich ganz nach den Trainingseinheiten, die vom Coach angesetzt werden. Die Spieler müssen sehr flexibel sein.

Eine Trainingseinheit kann mal früher beginnen, mal später. Es kommen Extratrainingseinheiten hinzu, z. B. als Strafe für ein schlechtes Spiel, Videoschauen, um sich auf den nächsten Gegner vorzubereiten oder eigene Fehler zu analysieren, Medien- oder Sponsorentermine usw. Demnach haben Profis in der Regel keine anderen Pläne neben dem Basketball, da sie Angestellte des Vereins sind – mit dem Unterschied, dass sie keine festen Arbeitszeiten haben.

Nichtsdestotrotz gibt es auch eine gewisse Routine, die gewöhnlich aus zwei Trainingseinheiten am Tag besteht – eine Einheit am Vormittag, die zweite am frühen Abend. In vielen Vereinen ist es so, dass als Erstes ein Athletiktraining stattfindet. Es besteht aus Krafttraining mit dem eigenen Körpergewicht auf der Matte zur Aktivierung und Kräftigung der

Rumpfmuskulatur, aktiv-dynamischem Dehnen und Koordinationsübungen. Hinzu kommen an manchen Tagen Schnelligkeitsübungen. Auch ein aktivierendes Krafttraining im Kraftraum kann statt der Mattenübungen stattfinden. Das hängt ganz von den Plänen des Athletiktrainers ab.

Anschließend geht es weiter mit dem Individualtraining, welches vom Headcoach und seinen Assistenten angeleitet wird. Das heißt, die Mannschaft wird aufgeteilt in kleine und große Spieler. Während die Innenspieler Moves in der Zone einüben, machen die Aufbau- und kleinen Flügelspieler verschiedene Drills, die ihrer Position entsprechen, z. B. Dribblings mit Korbwurf oder Zug zum Korb. Ein Wurftraining ist also ebenfalls Bestandteil der ersten Trainingseinheit.

Nach der Trainingseinheit haben viele Schützen ihre eigene Wurfroutine, die sie jeden Tag durchführen. Sie nehmen sich z. B. vor, eine vorher festgelegte Anzahl an Sprungwürfen und Dreiern zu treffen. Andere Spieler gehen nach dem Individualtraining in den Kraftraum, um ihre körperliche Fitness mit Kraft- oder Ausdauertraining zu erhalten oder zu verbessern. Wiederum andere lassen sich vom Physiotherapeuten mit einer Massage behandeln, dehnen sich oder rollen sich auf der Hartschaumstoffrolle aus. Oder eben alles zusammen ...

Nach der ersten Trainingseinheit füllen die Spieler ihre Energiereserven möglichst schnell wieder auf, damit ihr Körper für die nächste Einheit rechtzeitig wieder leistungsbereit wird. Nach dem Mittagessen folgt die Mittagsruhe. Die ist wichtig für die Erholung. Relaxen ist angesagt. Viele Spieler legen sich ein, zwei Stunden ins Bett, schlafen oder chillen auf der Couch. Am Nachmittag haben sie dann ein wenig Zeit für sich.

Am späten Nachmittag oder frühen Abend folgt dann eine richtig harte, meist zweistündige Einheit: das Mannschaftstraining. Hier werden gruppentaktische Dinge, wie Spielzüge und Verteidigungsstrategien, einstudiert und perfektioniert. Am Ende werden im 5:5 die Systeme gelaufen – spielnah, in Echtzeit und mit hoher Intensität. Danach ist der Tag gelaufen, die Spieler sind k. o.

Nach solch einer anstrengenden Trainingseinheit fällt es nicht leicht, direkt ins Bett zu gehen, obwohl der Körper müde und erschöpft ist. Denn im Kopf geht noch zu viel vor, zum Beispiel, was man hätte besser machen können. Ablenkung hilft! Um mindestens acht Stunden Schlaf zu bekommen, gehen spätestens zwischen 23 und 0 Uhr die Lichter aus. Am nächsten Tag geht alles wieder von vorne los.

7.3 BUNDESLIGAHELDEN

Luke Sikma

Luke Sikma ist ein moderner Power Forward mit außergewöhnlich gutem Ballhandling, exzellenter Spielübersicht, Passqualitäten und Wurf. Er gilt auch als Point Forward, der als großer Spieler wie ein Aufbauspieler den Ball nach vorne dribbeln und verteilen kann.

Sikma glänzt mit seiner Vielseitigkeit und Effizenz im Angriff und in der Verteidigung. Er macht es jedem Gegner schwer, ihn zu halten. Er ist eine Gefahr von außen als auch unter dem Korb. Er holt Rebounds, blockt Würfe, stellt sich voll in den Dienst der Mannschaft. In der Saison 2018/2019 wurde er als Anführer von Alba Berlin als der wertvollste Spieler der EuroCup-Saison ausgezeichnet.

Seine starken Leistungen, die großen Anteil daran hatten, dass Alba ins Finale gegen Valencia eingezogen war, hatten ihm den MVP-Titel des zweithöchsten europäischen Wettbewerbs eingebracht. Im Jahr davor, in seiner ersten Saison in Deutschland, wurde Sikma zum Spieler des Jahres der Bundesliga gekürt. Luke hat Basketball im Blut. Sein Vater Jack ist eine NBA-Legende, die mit den Seattle Supersonics 1979 NBA-Champion wurde.

Jeff Gibbs

Jeff Gibbs war ein Phänomen in der BBL. Nicht nur wegen seiner außergewöhnlichen Skills unter dem Korb. Sondern vor allem wegen seiner einzigartigen Körperproportionen. Gibbs war mit 1,88 m der wohl kleinste BBL-Power-Forward aller Zeiten. Hinzu kamen massige 110 kg Kampfgewicht, eine Armspannweite von 2,12 m, Schuhgröße 52 und eine unglaubliche Athletik. In all seinen BBL-Jahren zwischen 2005 und 2010 (davon vier Jahre in Ulm) dominierte Gibbs die Bretter, wurde in jedem Jahr bester Rebounder der Liga. Er war „Mr. Incredible", „Herr Unglaublich".

Neben seiner Dominanz beim Rebound kamen seine Qualitäten, von außen zum Korb zu ziehen, zum Tragen. Sogar seinen äußerst effektiven Crossover packte er hin und wieder aus, um an seinem Gegner vorbeizuziehen. Viele seiner Verteidiger waren nicht so schnell wie er. Gibbs hatte viele pfiffige Moves auf Lager. Wenn der Rest des Teams schlecht spielte, bekam er Offensiv-Rebounds, machte Putback-Dunks und Freiwürfe – und sein Team war wieder im Spiel. Gibbs war ein schwieriges Match-up für jeden Gegner.

Hurl Beechum

Hurl Beechum war der vielleicht beste Drei-Punkte-Schütze, der je in der BBL gespielt hat. 161 Dreier versenkte er in der Saison 1998/99, 12 davon in einem Spiel gegen Trier. Damit stellte er als Rookie, in seinem ersten Jahr frisch vom US-College kommend, bei den Baskets Bonn zwei Bundesligarekorde auf. Beechums Handgelenk war butterweich. Er warf und traf.

Zwischen 1998 bis 2002 lief der „Gunman aus Iowa" im Magenta-Trikot der Bonner auf. Er war ein unterschätzter Athlet, der auch abseits des Feldes als weltoffener Gentleman seiner Vorbildfunktion nachkam. Beechum war nicht nur ein purer Schütze aus der Distanz, sondern auch ein überragender Verteidiger. Das Gesamtpaket aus offensiver und defensiver Schlagkraft, jahrelang gelebtem Basketspirit, Dreierrekorden und körperlichen Gardemaßen für einen Shooting Guard (1,95 m, 93 kg) machen ihn zu einer BBL-Legende. Aufgrund deutscher Vorfahren wurde Beechum zwischen 2000 und 2001 Mitglied der deutschen Nationalmannschaft und absolvierte 13 Spiele für das Nationalteam.

Mike Jackel

Mike Jackel führt die ewige Scorerliste der Bundesliga an. 10.783 Punkte legte der 1,99 m große Small Forward über 17 Jahre in der BBL auf, bevor er mit 39 aufhörte. Der Sohn deutscher Kanadaauswanderer spielte zwischen 1982 bis 1999 bei Wolfenbüttel, Göttingen, Köln, Charlottenburg, Bamberg und Braunschweig. Jackel gewann neben dem EM-Gold von 1993 mit der deutschen Nationalmannschaft (insgesamt 113 Länderspiele) jeweils viermal die Meisterschaft und den Pokal.

Mike Jackel war „Mister Bundesliga". Seine erfolgreichsten Jahre verbrachte er in Göttingen und Köln, aber besonders im Herzen behielt er Bamberg, seine längste Station mit sieben Jahren. Jackel war nie der athletischste Spieler, konnte überhaupt nicht hoch springen. Aber er glänzte mit anderen Facetten, war immer schnell und konnte zum Korb ziehen. Dazu erarbeitete er sich mit viel Trainingsfleiß einen großartigen Wurf. Jackel war Linkshänder, was für ihn in der von Rechtshändern dominierten Liga von Vorteil war. Seine Verteidiger mussten umdenken und machten ihm oft ungewollt genau die Seite auf, die er sowieso lieber mochte.

Wendell Alexis

Wendell Alexis war zur Jahrtausendwende der größte Star der Bundesliga und führte Alba Berlin in sechs Jahren zu sechs Meisterschaften und drei Pokaltiteln. Der 2,06 m große Power Forward ist einer der besten Spieler in der Geschichte der Bundesliga – vielleicht sogar der Beste. Alexis prägte eine ganze Ära als Mitdreißiger und steht für die erfolgreichste Zeit der Berliner. Mit 5.922 Punkten in 341 Spielen (17,37 Punkte im Schnitt) ist er der beste Werfer in der Geschichte der Albatrosse.

Sein erfolgreichstes Jahr hatte der Mann aus Brooklyn 1998, als er mit Alba auch das Viertelfinale der Europaliga erreichte und mit der US-Nationalmannschaft bei der WM Bronze holte. Von seinen BBL-Gegenspielern wurde er „Deutschlands Michael Jordan" (John Best) genannt. Noch bekannter ist er unter dem Spitznamen „Iceman". Alexis dominierte weniger mit Athletik, sondern viel mehr mit Erfahrung, Effektivität, Cleverness und Coolness. In spielentscheidenden Momenten bekam er den Ball und traf.

Henning Harnisch

Henning Harnisch spielte zwischen 1985 bis 1998 in der Bundesliga. Sein Markenzeichen waren viele Jahre die langen, wehenden Haare (später auch kurz und knallgelb gefärbt oder Glatze), die bunten Stirnbänder und die spektakulären Dunks. Harnisch wurde als „Flying Henning" und „Hanging Harnisch" verehrt. Er machte den Dunk in der BBL salonfähig und galt als der erste echte Posterboy der Liga. Der Linkshänder war ein großes Basketballidol, drahtig, megaathletisch und begeisterte die Fans mit einzigartigen Flugeinlagen.

Basketball war für den 2,02 m großen Flügelspieler Liebe und Leidenschaft. Neun Jahre in Folge wurde er deutscher Meister (1990-1996 siebenmal mit Leverkusen sowie 1997 und 1998 mit Berlin), gewann fünfmal den Pokal, machte 169 Länderspiele und wurde, als bester Korbschütze der Deutschen, Europameister 1993 (12 Punkte pro Spiel). Mit 30 Jahren beendete Harnisch seine aktive Karriere. Seit 2010 ist er Vizepräsident von Alba Berlin und in dieser Funktion für die Nachwuchsförderung verantwortlich.

Stephan Baeck

Stephan Baeck war einer der talentiertesten Bundesligaspieler aller Zeiten. Schon als junger Kerl in den späten 1970er-Jahren zockte er Streetball, als es Streetball noch gar nicht gab. Er widmete sein ganzes Leben dem Basketball. Bereits mit 19 Jahren gab Baeck in der deutschen Nationalmannschaft sein Debüt. Mit der DBB-Auswahl hatte er seine Karrierehöhepunkte 1992 mit der Teilnahme an den Olympischen Spielen und 1993 mit der Goldmedaille bei den Europameisterschaften. Seine größten Erfolge auf Vereinsebene feierte der gebürtige Kölner in den 1980er-Jahren in seiner Heimatstadt. Den BSC Saturn Köln führte er 1987 und 1988 als genialer Stratege zum Gewinn der Meisterschaft.

Baeck war ein Scorer, ein Streaky Shooter, intuitiver, verspielter Instinktbasketballer. Nach seiner Zeit in Köln gewann er Titel mit Leverkusen (Meisterschaft und Pokal 1990-92) und Berlin (Korac Cup 1995). Durch eine schwere Augenverletzung 1994, bei dem ein Finger eines Gegenspielers in sein linkes Auge geriet, spielte der Shooting Guard fortan mit einer Schutzbrille, seinem neuen Markenzeichen.

Henrik Rödl

Henrik Rödl sammelte Titel wie andere Menschen Briefmarken. 1987 wird er als erster Regionalligaspieler mit 18 Jahren in die Nationalmannschaft berufen. Er gewinnt 1993 die Collegemeisterschaft mit der University of North Carolina und die Europameisterschaft mit Deutschland und schließt sich nach der EM, als 24-Jähriger, Alba Berlin an.

Dem Klub hielt er 11 Jahre bis zu seinem Karriereende die Treue, gewann den Korac Cup 1995, siebenmal in Folge die deutsche Meisterschaft (1997-2003) sowie viermal den Pokal. Rödl konnte ein Spiel kontrollieren, von Hektik keine Spur. Rödl war schweigsam, spielte unauffällig, aber höchst effektiv. Als starker Verteidiger und Mannschaftskapitän der Albatrosse machte er sich einen Namen. Er war zuverlässig, konnte mit seinen 2,01 m von der 1 bis zur 3 mehrere Positionen spielen.

Rödl war ein „Glue Guy": Er konnte eine Mannschaft zusammenhalten, auf dem Parkett, in der Kabine und im Training. Sein Trikot hängt unter der Hallendecke von Alba Berlin, die Nummer 4 wird nie wieder vergeben.

Michael Koch

Michael Koch hatte sein Profidebüt mit 17 Jahren in Gießen. Mit 21 wechselte er nach Bayreuth, feierte dort den Pokalsieg 1988 und das Double aus Meisterschaft und Pokal 1989. Mit 25 Jahren folgte sein Wechsel nach Leverkusen, wo er in fünf Saisons fünfmal Meister wurde. Dazu feierte er zwei weitere Pokalsiege und die Auszeichnung zum Basketballer des Jahres 1995.

Michael, gerufen Mike, Koch war unheimlich ehrgeizig und talentiert. Er war ein Gewinner und Drei-Punkte-Spezialist. Sein Spiel hatte etwas Unnahbares, ohne arrogant zu sein. Er war ein exzellenter Verteidiger, eine Klette am Gegenspieler. Er besaß die Antizipationsfähigkeit beim Pick & Roll, schlüpfte defensiv wie offensiv durch Blöcke. Koch war für jeden Gegner unbequem, weil er ein Aufbauspiel lahmlegen konnte und im Angriff zuverlässig den Dreier traf.

Nach 14 Jahren in der Bundesliga setzte Koch seine Karriere in Athen fort und wurde auch in Griechenland zur Legende – unter dem Spitzname „Mercedes" – Premiumklasse aus Deutschland. Mit der deutschen Nationalmannschaft absolvierte er 140 Länderspiele und wurde 1993 Europameister.

Die jungen Wilden aus Würzburg

Mit *Dirk Nowitzki* (19 Jahre), *Robert Garrett* (20), *Demond Greene* (18) und *Marvin Willoughby* (19) ballerten vier Jugendnationalspieler den Aufsteiger aus Würzburg in die BBL-Playoffs 1999. Mit ihrer unangepassten Spielweise mischten sie die deutsche Basketballszene auf. Die Würzburger Buben spielten „Run-and-Gun-Basketball", also schnelles Nach-vorne-Rennen und Schießen. Der Attackemodus und ein freies, kreatives Angriffsspiel waren bei den Würzburgern Ende der 1990er-Jahre an der Tagesordnung: ob Dreier aus dem Schnellangriff oder schnelle Dribblings und Pässe, Hauptsache, der Abschluss gelang fix.

Es gab Trainer, die meinten, die Würzburger seien das „talentierteste Team Europas" (Don Beck). Nowitzki wurde in jener ersten BBL-Saison

1998/99 Topscorer der Bundesliga (22,5 Punkte pro Spiel), bevor er im Januar 1999 seine große NBA-Karriere begann. Die Würzburger Jungs haben ihre Plattform bekommen, sich frei zu entfalten. Diese hätten sie wohl nirgendwo anders in dieser Form gehabt. Alle haben ihre Chance genutzt und sind zu erfolgreichen Nationalspielern geworden.

Die Ami-Point-Guards der 1990er-Jahre

Keith Gray (Jahrgang 1963) spielte zwischen 1988 und 2002 in der BBL. Der 1,88 m große Guard hält mit 65 Punkten in einem Spiel den aktuellen Bundesligarekord für die höchste Punktausbeute eines einzelnen Spielers in einem Spiel, den er am 22. März 1989 beim 142:84-Sieg des TSV 1860 Hagen gegen die SG Braunschweig aufstellte. Gray spielte für sechs verschiedene BBL-Klubs und wurde Pokalsieger mit Trier 2001.

Derrick Taylor (Jahrgang 1963) spielte zwischen 1991 und 2005 mit Unterbrechung in Italien und Frankreich 12 Jahre in der BBL und beendete seine Karriere in Bamberg. Aufgrund seiner Nervenstärke sowie seines für einen Leistungssportler fortgeschrittenen Alters mit über 40 wurde ihm während seiner Bamberger Zeit der Spitzname „Daddy Cool" gegeben. Der 1,83 m große Point Guard spielte in Bayreuth, Leverkusen, Frankfurt und eben Bamberg.

Jarvis Walker (Jahrgang 1966) war eine treue Seele und Publikumsliebling von ratiopharm Ulm. Der 1,86 m große Point Guard spielte seine gesamte Basketballkarriere zwischen 1990-2001, mit einem Jahr Unterbrechung, für 10 Jahre in Ulm, wurde 1996 Pokalsieger, 1998 Vizemeister sowie Topscorer der Saison 1992/93 (23,3 Punkte pro Spiel). Walker ist mit 6.582 Punkten zweitbester Scorer der Ligageschichte.

Carl „Charly" Brown (Jahrgang 1968) ist eine Trierer Basketballlegende. 10 Jahre (1993-2003) spielte er für die Moselstädter. Der nur 1,77 m große Aufbauspieler überzeugte mit seiner wieselflinken Schnelligkeit und seinem Distanzwurf. Mit seiner offenen, sympathischen Art wurde er schnell zum Publikumsliebling und zur Identifikationsfigur der Fans in Trier und einer der beliebtesten Spieler der BBL. Er gewann mit Trier

1998 und 2001 den Pokal, spielte ab 2003 zwei Jahre in Leverkusen, ein Jahr in Oldenburg und beendete seine Karriere in der Regionalliga in Trier.

Die Basketball-Dinos der 2000er-Jahre

Immanuel McElroy spielte bis 39 von 2004-2019 für vier BBL-Klubs. Seine erfolgreichsten Jahre verbrachte „iMac" in Köln und Berlin. Als Shooting Guard hatte er keinen besonders guten Wurf, dafür war er aber mit seinem athletischen Körper einer der besten Rebounder und unerbittlichsten Verteidiger der Liga (fünfmal bester Verteidiger der BBL), gewann 2006 die Meisterschaft und 2007 den Pokal mit Köln sowie 2008 die Meisterschaft und 2009 den Pokal mit Berlin.

Aleksandar Nadjfeji war ein Point Guard im Körper eines Power Forwards. Der Serbe, genannt „Pista" oder „Sascha", war ein Stratege unter dem Korb, hatte einen hohen Basketball-IQ und den besten Pumpfake der Ligageschichte. Zusammen mit McElroy bildete er in Köln und Berlin ein Erfolgsduo, gewann vier Titel in vier Jahren. Nach 15 BBL-Jahren beendete er mit 39 seine Karriere.

Chris Ensminger spielte für vier Klubs 14 Jahre (1999-2013) in der BBL und beendete seine Karriere mit 39 in Bonn. Fünf Jahre in Folge (2001-2005) war „Ense" in Bamberg der Top-Rebounder der BBL und avancierte zum besten Rebounder der Ligageschichte (insgsamt 4.093 Rebounds). Der 2,08 m große Center wurde von seinen eigenen Mitspielern und Fans geliebt, von seinen Gegenspielern aufgrund seiner harten, bedingungslosen Verteidigung gehasst.

Julius Jenkins spielte von 2006-2019 für vier BBL-Klubs, davon fünf Jahre bei Alba Berlin. Er war ein begnadeter Offensivspieler und unterschätzter Verteidiger. Innerhalb von zwei Jahren gewann er mit Alba Berlin die Meisterschaft (2008) und den Pokal (2009). Seine lange Haare und Cornrows wurden in Berlin zu seinem Markenzeichen. In der Rolle des Edeljokers von der Bank feierte der 1,87 m große, grazile Amerikaner in Bamberg 2012 das Double aus Meisterschaft und Pokal. 2015 gewann er mit Oldenburg erneut den Pokal – sein fünfter Titel mit drei verschiedenen Klubs.

Rickey Paulding ist eine Ikone in Oldenburg, wo er seit 2007 ununterbrochen aktiv ist. In seinem zweiten BBL-Jahr gewann er mit den Oldenburgern sensationell die deutsche Meisterschaft und 2015 den Pokal. Paulding ist ein Komplettpaket aus Offensivkraft, Trainingsfleiß, Dreier, Defense, Einsatz, Athletik, spektakulären Dunks und Identifikation. „Der Ewige", wie er in „Pauldingburg" gehuldigt wird, ist Herz, Anführer und Mannschaftskapitän.

Alex King spielt seit 2004 in der BBL und ist Rekordspieler mit über 555 Einsätzen (Stand: Oktober 2019). Seit über 15 Jahren ist er in der Bundesliga aktiv und gewann je dreimal die Meisterschaft und den Pokal. 2012 stellte er mit sieben Dreiern bei sieben Würfen einen neuen Euro-Cup-Rekord auf.

7.4 NBA-HELDEN

LeBron James

Wenn James' Sohn schon mit 15 ein eigenes Wikipedia-Profil hat, scheint der Papa ein Großer zu sein. *LeBron James* ist von seinen Fertigkeiten und seiner Vielseitigkeit her neben Michael Jordan der beste Basketballer aller Zeiten. James ist 2,03 m groß, ein muskelbepackter Point Forward mit ausgezeichnetem Ballhandling und Spielverständnis.

James kann alles – und das richtig gut. Bereits während seiner Highschoolzeit wurde er als künftiger NBA-Superstar gepriesen und 2003, direkt von der Highschool kommend, an Nummer eins von den Cleveland Cavaliers gedraftet. Seitdem mischt er die NBA als Anführer auf.

In seiner ersten NBA-Saison gewann er die Auszeichnung als Rookie des Jahres, 2008/09 sowie 2009/10 wurde er als MVP ausgezeichnet.

Nach sieben Jahren in Cleveland (2003-2010) wechselte er zu den Miami Heat – bekannt als „The Decision". Mit den Heat gewann er zwischen 2010-2014 zwei Meisterschaften und wurde zweimal MVP, bevor er nach Cleveland zurückkehrte. 2016 gewann James seinen dritten NBA-Titel, der erste in der Klubgeschichte der Cavaliers sowie die erste Meisterschaft einer professionellen Sportmannschaft in Cleveland seit 1964. *King James* bzw. *The Chosen One* ist aktuell dabei, viele NBA-Rekorde zu brechen.

Stephen Curry

Stephen Curry gilt gegenwärtig als einer der besten Spieler der NBA und als einer der besten Distanzschützen der Basketballgeschichte. Curry ist klein, schnell, hat außerirdische Dribbelskills und trifft unglaubliche Würfe aus weiter Entfernung. Der 1,91 m große Guard spielt seit 2009 ununterbrochen für die Golden State Warriors, mit denen er bislang dreimal die Meisterschaft gewinnen konnte.

Für den *Baby-Faced Assassin* („Attentäter mit Babygesicht"), wie er aufgrund seiner Kaltschnäuzigkeit genannt wird, kommen zahlreiche individuelle Auszeichnungen hinzu, wie zweimal MVP (2015, 2016), Scoring-Champion (2015/16: 30,1 Punkte pro Spiel) und viele Dreierrekorde. In seiner mittlerweile 11-jährigen Karriere trifft Curry über 90 % seiner Freiwürfe und knapp 44 % seiner Drei-Punkte-Würfe – beides herausragende Werte. In jedem Spiel trifft er im Schnitt fünf Dreier.

2015/16 verwandelte er in einer Saison 402 Dreier (Rekord). Curry gehört zum Kreis des 50-40-90-Klubs, der auf großartige Allround-Wurfleistungen in einer Saison hindeutet, einer Trefferquote von jeweils mindestens 50 % aus dem Feld, 40 % von der Dreierlinie und 90 % von der Freiwurflinie.

Vince Carter

Noch mit 43 Jahren spielt *Vince Carter* in der NBA und ist damit der älteste Akteur in der stärksten Liga der Welt. Seit 1998 war der „NBA-

Nomade" bei acht verschiedenen Klubs aktiv. Er gehörte insbesondere in seinen sechs Anfangsjahren mit den Toronto Raptors zu den beliebtesten NBA-Spielern aufgrund seiner spektakulären Spielweise. Beim Slamdunk-Contest im Jahre 2000 zog er mit seinen Dunks die weltweite Basketball-Community in den Bann. Carter war die Hauptfigur des vielleicht beeindruckendsten Dunk-Wettbewerbs seit dessen Einführung im Jahre 1984.

Bei den Olympischen Spielen 2000 in Sidney, im Trikot der US-amerikanischen Nationalmannschaft, mit dem er die Goldmedaille gewann, sprang er im Spiel gegen Frankreich mit abgespreizten Beinen über den 2,18 m langen Center Frédéric Weis und dunkte den Ball spektakulär in den Korb. Dieser Dunk ging als „Dunk de la mort" (Dunk des Todes) in die Geschichtsbücher ein. Vergleiche mit Michael „Air" Jordan wurden laut. Seine Spitznamen „Air Canada" und „Half Man Half Amazing" waren geboren. Der NBA-Veteran spielt 2019/20 seine 22. NBA-Saison. Das hat vor ihm noch niemand geschafft.

Michael Jordan

Michael Jordan ist der beste Basketballer aller Zeiten in der NBA. Der Sender *ESPN* wählte ihn 1999 zum „Sportler des Jahrhunderts" vor Legenden wie Babe Ruth und Muhammad Ali. Jordan entschied Spiele, Playoff-Serien und Meisterschaften. Kaum ein Spieler prägte die NBA so, wie er. *His Airness* führte die Chicago Bulls zu sechs Meisterschaften.

Sein unbändiger Wille hat ihn auf den Olymp des Basketballs katapultiert. Seinem zwanghaften Perfektionismus hat Jordan die unzähligen NBA-Rekorde und -Ehrungen zu verdanken.

Welcher Spieler auf der Welt kann von sich behaupten, in einer Saison der Topscorer der stärksten Liga der Welt zu werden und gleichzeitig zum besten Verteidiger ausgezeichnet worden zu sein? Seine neun Saisons mit mindestens 2.400 Punkten sind der Höchstwert in der NBA-Geschichte. Jordan hält zudem den Rekord des höchsten NBA-Karriere-Punkteschnitts (30,1 Punkte pro Spiel).

Neben seinen überragenden Offensivqualitäten war MJ ein Defensiv-Guru. Er erzielte in sechs Saisons mindestens 220 Steals (Bestmarke!). Mit dem Team USA wurde er 1984 und 1992 Olympiasieger. Jordan wurde zum meistvermarkteten Sportler seiner Generation und zum wichtigsten Zugpferd der NBA.

Earvin Johnson

Earvin „Magic" Johnson ist eine Legende der Los Angeles Lakers. Er bekam den Spitznamen „Magic", weil er die Fans mit seinen spektakulären Pässen „verzauberte" – und mit seinem unvergleichlichen Lächeln. Er spielte mit 2,06 m als Point Guard. „Magic" war mit seiner Größe einzigartig auf der 1 und seiner Zeit viele Jahre voraus. Er konnte auf jeder Position spielen, was ihn zu einem der vielseitigsten Spieler aller Zeiten machte. Er war Teil der „Showtime Lakers". Nach 11 Berufungen ins All-Star-Team, neun Finalteilnahmen, fünf Meisterschaften und drei Titeln als bester Spieler der Liga gab er 1991 seinen Rücktritt bekannt, weil er HIV-positiv war. Damals dachte man, er würde bald sterben. „Magic" spielte 1992 noch das All-Star-Game, im legendären Dream Team bei den Olympischen Spielen in Barcelona sowie nach einer vierjährigen Pause 32 Saisonspiele mit den Lakers als Power Forward.

Larry Bird

Larry Bird spielte 13 Jahre bei den Boston Celtics (1979-1992). Sein Spitzname war „Larry Legend", in Anspielung auf seine legendäre Spielweise. Der 2,06 m große Forward war weder geschmeidig noch schnell und konnte auch nicht besonders hoch springen. Er war schweigsam und ein bodenständiger Arbeiter. Seine athletischen Defizite glich Bird mit seiner Vielseitigkeit, einem unglaublichen Spielverständnis und einem einzigartigen Stellungsspiel aus. Er ahnte Spielzüge des Gegners, bevor sie sich entwickelten und konnte dadurch oft dazwischengehen und den Ball abfangen. Er wusste auch instinktiv, wo sich seine Mitspieler befanden und tippte den Ball wie ein Volleyballer mit den Fingerspitzen zu ihnen weiter.

„Er war einer der Schlauesten, die dieses Spiel je gespielt haben", bekennt sein Zeitgenosse „Magic" Johnson. Zusammen mit „Magic" elektrisierte Bird das ganze Land. Zwischen 1984 und 1986 wurde er dreimal hintereinander MVP und gewann mit den Celtics drei Meisterschaften.

Kobe Bryant

Kobe Bryant war mit 18 Jahren als jüngster Spieler aller Zeiten direkt aus der Highschool in die NBA gekommen (heute nicht mehr erlaubt). Er verbrachte 20 Jahre mit den Los Angeles Lakers. „Black Mamba" war, wie er selbst zugab, besessen vom Gewinnen und hatte in seinen Anfangsjahren den Ruf als eigensinniger Schütze. Mit den Lakers gewann er fünf Meisterschaften und wurde zweimal Olympiasieger im Team USA.

Der 1,98 m große Shooting Guard war ein Scorer par excellence. Im Gedächtnis bleiben seine 81 Punkte im Januar 2006 gegen die Toronto Raptors – die höchste, jemals erzielte Punktzahl in einem Spiel hinter den legendären 100 Punkten von Wilt Champerlain im Jahre 1962. Kurz vor dem 81-Punkte-Geniestreich erzielte Kobe 62 Punkte in nur drei Vierteln, bevor er freiwillig vom Feld ging, weil das Spiel gegen die Mavericks bereits entschieden war. Drei Jahre später erzielte er einen Arenarekord im Madison Square Guarden mit 61 Punkten gegen die New York Knicks. Kobe war eine Punktemaschine. In der ewigen Scorerliste belegt er hinter Kareem Abdul-Jabbar, Karl Malone und LeBron James mit 33.643 Punkten Platz vier.

Am 26. Januar 2020 verunglückte Kobe zusammen mit acht weiteren Insassen, u. a. seiner 13-jährigen Tochter, bei einem Hubschrauberabsturz. Kobe wurde 41 Jahre alt. Die gesamte Basketballwelt trauert um einen der besten, erfolgreichsten und charismatischsten Spieler aller Zeiten.

Allen Iverson

Auch wenn *Allen Iverson* der große Traum einer Meisterschaft verwehrt blieb, war er doch eine der prägendsten Figuren der NBA. Der kleinste Mann mit dem größten Herzen und Fanliebling. Trotz seiner nur

1,83 m gehörte der schnelle und wendige Guard zu den besten Scorern der 2000er-Jahre. Von seinen Gegnern war er nicht zu stoppen, erzielte 26,7 Punkte pro Spiel in seiner 14-jährigen NBA-Karriere (davon 10 Jahre bei den Philadelphia 76ers), wurde viermal Scoring-Champ (33,0 Punkte in seiner besten Saison), Rookie des Jahres 1997 und MVP 2001. Sein Spitzname war „The Answer", weil er auf alles offensiv eine Antwort fand.

Jedes Spiel ging er an, als wäre es sein letztes. Er hatte eine Körperkontrolle, die ihresgleichen suchte sowie eine der tödlichsten Dribbelfinten der Ligageschichte – sein berühmter „Killer-Crossover". Jeder wollte diesen furchtlosen Winzling sehen, wie er immer wieder in die Zone zog und seine außerirdische Athletik demonstrierte. Die Zuschauer, insbesondere die Jüngeren, bewunderten Iverson.

Charles Barkley

Charles Barkley war ein Unikum als Spieler und ist es auch heute noch als Basketballexperte und Moderator im Fernsehen. Unter den besten Athleten der Welt verblüfften seine physischen Fähigkeiten. In ihm verelnte sich eine beispiellose Mischung aus explosiver Schnellkraft, enormem Sprungvermögen und dem Gewicht eines Centers (mindestens 114 kg), verteilt auf die Körpergröße eines Guards. Barkleys tatsächliche Größe war unter 1,95 m.

Darüber hinaus verfügte er über die Kräfte eine Football-Linebackers und das Aggressionspotenzial eines Bullterriers. Unbescheiden, wie es seine Art ist, sagte er über sich: „Es wird nie wieder einen Spieler wie mich geben. Ich bin das neunte (!) Weltwunder." Der „Chuckster", wie er genannt wurde, spielte von 1984-2000 in Philadelphia, Phoenix und Houston. Er ist einer von sechs Spielern, denen in ihrer Karriere mehr als 20.000 Punkte, mehr als 10.000 Rebounds und mehr als 4.000 Assists gelangen. 1992 und 1996 gewann er jeweils als Topscorer Gold bei den Olympischen Spielen.

Tim Duncan

Tim Duncan war einer der besten Power Forwards der Ligahistorie, aber auch einer der unspektakulärsten. Er spielte keine Pässe hinter dem Rücken, machte keine krachenden Dunks, machte nichts, was glamourös ist. Duncan opferte sich für das Team, ansonsten blieb er aber gerne im Hintergrund. Zurückhaltend, stilvoll, no fame, no glory. Das Rampenlicht, die Rolle des Showspielers, den Selbstdarsteller mit üppigen Werbeverträgen überließ er anderen. Sein Spitzname war *The Big Fundamental*.

Er beschränkte sich auf die Grundlagen des Spiels und beherrschte diese in Perfektion – mit kühler Effizienz und Konstanz. Im Angriff beförderte er den Ball trocken über das Brett in den Korb – die sicherste Art zu treffen. Die gegnerischen Angriffe beeinflusste der 2,11-m-Mann allein durch seine Präsenz und zählte zu den besten Verteidigern seiner Generation. Er war ein sehr bescheidener Kerl, der einfach seine Arbeit machte. 19 Jahre spielte er für die San Antonio Spurs. Duncan gewann vier NBA-Titel und wurde zweimal MVP.

Hakeem Olajuwon

Der 1984er-Jahrgang der NBA-Draft gilt als der wohl Beste aller Zeiten. Charles Barkley, John Stockton und natürlich Michael Jordan begannen ihre Karrieren in diesem Jahr. Als großer Preis galt trotzdem ein Center aus Nigeria, der erst mit 15 angefangen hatte, Basketball zu spielen. Und bis heute beschwert sich niemand darüber, dass die Houston Rockets mit dem ersten Pick *Akeem* (damals noch ohne H) *Olajuwon* zogen, obwohl auch der beste Basketballer aller Zeiten zu haben gewesen wäre.

Olajuwon hatte eine sehr beeindruckende Karriere: zwei NBA-Titel, zwei Finals-MVPs, MVP der regulären Saison, zweimal Verteidiger des Jahres, 12-mal All-NBA-Team zählen zu seinen wichtigsten Auszeichnungen. Olajuwon (Spitzname: *The Dream*) dominierte auf der Centerposition seine Gegner nach Belieben, erstickte sie mit seiner Defense und spielte ihnen mit seinem „Dream Shake" (sein Markenzeichen) Knoten in die Beine. Olajuwon wurde 2001, nach 17 Jahren bei den Houston Rockets, nach Toronto getradet, wo er nach einer Saison seine Karriere beendete. Er trat ab als der Spieler mit den meisten Blocks der NBA-Geschichte (3.830).

„Stockalone"

„Stockalone" ist die Symbiose aus Point Guard *John Stockton* und Power Forward *Karl Malone*, das produktivste Duo der NBA-Historie. 18 Jahre (1985-2003) spielten die beiden Superstars gemeinsam für die Utah Jazz und stellten ihre Gegner mit ihrem vermeintlich simplen Spielkonzept vor unlösbare Probleme. Die Trumpfkarte der beiden war das Pick & Roll. Stockton auf der linken Seite an der Dreierlinie, Malone und sein muskelbepackter Körper kam von rechts und stellte den Block. Ließ man Stockton zum Korb ziehen, war die Verteidigung entblößt. Doch sprang Malones Verteidiger heraus, um Stockton den Weg abzuschneiden, fand er seinen Briefträger Karl Malone (Spitzname „The Mailman") – sei es per Bodenpass beim Cut zum Korb oder mit dem offenen Sprungwurf: „Stockton to Malone!"

Die Fähigkeiten der beiden ergänzten sich so perfekt, dass es schlicht keine Möglichkeit gab, sie an einem hochprozentigen Wurf zu hindern. Stockton zu sicher in seinen Pässen und zu wurfstark, Malone zu schnell, zu kräftig, zu treffsicher. 1.412 Spiele bestritten die beiden Seite an Seite. John Stockton hält den ewigen Rekord der meisten Assists (15.806) und Steals (3.265) und Karl Malone der zweitmeisten Punkte (36.928) in der Geschichte der NBA. Nur eine NBA-Meisterschaft blieb beiden vergönnt.

Dirk Nowitzki

Dirk Nowitzki ist der beste Europäer, der jemals in der NBA spielte sowie der beste deutsche Basketballer aller Zeiten. Mit 31.560 erzielten Punkten gehört er zu den sechs besten Scorern in der Geschichte der NBA. NBA-Champion 2011, vier Jahre zuvor zum besten NBA-Spieler der Saison gewählt, dazu 14-facher All-Star: Die Liste der Auszeichnungen und Erfolge von Nowitzki ist lang und bleibt immer mit den Dallas

Mavericks verbunden, für die er seine gesamte Karriere von 1999 bis 2019 spielte.

Noch nie blieb ein Spieler länger bei einem NBA-Klub als Nowitzki. In den 2000er-Jahren revolutionierte er die NBA und den Rest der Basketballwelt. Denn er traf als 2,13-m-Riese, als sogenannter *7-Footer*, aus weiter Entfernung zum Korb. Mit ihm ist die Spielerposition der „Stretch-4" geboren, ein Power Forward, der sich als Außenspieler an der Dreierlinie postiert. Mittlerweile ist es ein Standard jedes Teams, dass große Spieler von außen treffen.

Nowitzkis Markenzeichen war der *Flamingo Fadeaway* aus der Mitteldistanz, ein einbeiniger Sprungwurf im Rückwärtsfallen, der von keinem Gegenspieler der Welt zu verteidigen war. Dieser außergewöhnliche Wurf wurde von vielen Spielern kopiert, wie z. B. den Superstars Kevin Durant oder LeBron James. Auch das Nationalteam prägte Nowitzki jahrelang, gewann WM-Bronze 2002, EM-Silber 2005 und erfüllte sich 2008 in Peking den Traum von einer Teilnahme bei Olympischen Spielen. In Dallas und ganz Deutschland ist Dirk Nowitzki „The Goat" – The Greatest of All Times.

★ 8 ★

DER STAFF

Schaut man als Fan auf die Mannschaftsbank, sieht man neben den 5-7 Ersatzspielern noch eine ganze Reihe von Mitgliedern, die zum Betreuerstab bzw. dem *Staff* (deutsch: Personal) eines Teams gehören: *Cheftrainer, Assistenztrainer, Athletiktrainer, Individualtrainer, Teambetreuer, Physiotherapeut* und *Mannschaftsarzt*. Basketball ist hoch spezialisiert. Jeder Betreuer nimmt eine wichtige Rolle für den Erfolg des Teams ein. Die Aufgaben des Staffs einer typischen Bundesligamannschaft werden im Einzelnen vorgestellt.

8.1 CHEFTRAINER

Für jeden Fan sichtbar sind die Tätigkeiten eines *Cheftrainers* (auch *Headcoach* genannt) während eines Spiels. Er steht an der Seitenlinie, gibt Anweisungen an die Spieler, redet mit den Schiedsrichtern, entscheidet, welcher Spieler ein- und ausgewechselt werden soll, gibt in den Auszeiten die Marschroute und Spielsysteme vor, motiviert, kritisiert und delegiert. Ein Headcoach muss das Spiel lesen und spontan notwendige taktische Veränderungen während eines Spiels vornehmen können. Er muss Auszeiten richtig setzen und die richtige Kombination der Spieler finden, die an diesem Tag gut funktioniert. Als Grundlage braucht er alle Informationen über die Stärken und Schwächen des Gegners, ihn darf nichts überraschen.

8.1.1 Vorbereitung der Mannschaft

Mit der Unterstützung seiner Assistenztrainer sammelt der Headcoach alle möglichen Informationen zu den Stärken und Schwächen des Gegners. Die Statistiken der letzten fünf Spiele sind dabei besonders wichtig. Im *Scouting-Report*, den alle Spieler ein paar Tage vor dem Spiel erhalten, werden die wichtigsten Systeme des Gegners in Diagrammen festgehalten sowie Stärken und Schwächen der einzelnen Spieler beschrieben.

1-2 Tage vor dem Spieltag leitet der Cheftrainer die Videobesprechungen mit dem von den Assistenztrainern gescouteten und fertig geschnittenen Material. Dabei teilt der Coach die Spieler oft in zwei Gruppen ein (in Außen- und Innenspieler). Die Videoanalysen haben zum Ziel, einen *Game Plan* zu definieren, also eine Strategie, wie man gegen das Team gewinnen kann.

In der Regel ist der Videoschnitt nicht länger als 15 Minuten. Nur selten wird zusammen ein komplettes Spiel oder eine Halbzeit geschaut. In Dialogform (Frage-Antwort) geht der Coach mit den Spielern die Videosequenzen durch. In den folgenden Trainingseinheiten wird der „Game Plan" und die Verteidigung der wichtigsten Systeme des kommenden Gegners umgesetzt. Je weniger Zeit für die Vorbereitung bleibt, desto wichtiger ist, dass sich der Headcoach auf die wesentlichen Aspekte beschränkt.

8.1.2 Auszeiten

Auszeiten können für die Mannschaft sehr hilfreich sein und einen entscheidenden Einfluss auf einen Sieg haben. Damit kann der Cheftrainer den Spielrhythmus der gegnerischen Mannschaft unterbrechen, wenn sie heiß gelaufen ist. In Auszeiten kann der Coach seine Spieler wachrütteln, wenn sie neben der Spur sind. Er kann taktische Veränderungen vornehmen, z. B. Zonenverteidigung statt Mann-Mann-Defense.

Alle Auszeiten (sie sind jeweils nur eine Minute lang) laufen nach einem ähnlichen Muster ab: Die Spieler kommen schnell zur Bank und setzen sich da hin, wo sonst die Ersatzspieler Platz nehmen. Der Trainer legt sich seine Schlüsselbotschaften zurecht, gibt kurze, klare Anweisungen und wiederholt mit Augenkontakt seine wichtigsten Anweisungen. Mit einem Taktikbrett kann er die Infomationen, z. B. wenn die Mannschaft ein bestimmtes System spielen soll, verbildlichen.

Dann gibt es letzte motivierende Worte des Trainers. Alle Spieler kommen im Huddle (Kreis mit angehobenen Armen) zusammen und rufen ihren Schlachtruf, bevor es zurück aufs Feld geht.

8.1.3 Auswechslungen

Der Cheftrainer ist für die *Spielerwechsel* verantwortlich. Er entscheidet, welcher Spieler ein- und ausgewechselt wird. Der Sinn einer Auswechslung besteht darin, den Leistungsträgern eine Verschnaufpause zu gönnen und damit den Ersatzspielern eine Chance zu geben, Einfluss auf das Spiel auszuüben. Durch einen Spielerwechsel kann der Coach, je nachdem, welchen Spielertypen er einwechselt, neue Impulse setzen, z. B. aggressivere Verteidigung, besseres Reboundverhalten oder schnelleres Spiel.

Kein Spieler wird gerne ausgewechselt, jeder würde am liebsten durchspielen. Viele Spieler empfinden eine Auswechslung als ungerecht, einerlei, zu welchem Zeitpunkt sie stattfindet. Spielen sie gut, ist der Zeitpunkt schlecht, weil sie gerade ihren Rhythmus haben, den der Coach ihnen so nimmt. Spielen sie schlecht, nimmt der Coach ihnen die Möglichkeit, Fehler wiedergutzumachen und ihren Rhythmus zu finden. Insofern ist die Auswechslung immer „falsch" aus dem Blickwinkel des Spielers.

Eine Mannschaft besteht aus 12 Spielern, von denen alle spielen wollen, aber nur fünf stehen auf dem Parkett. Der Trainer steht vor der Herausforderung, einen gesunden Mix der Auswechslungen zu finden, indem er einerseits gewährleistet, Spiele zu gewinnen und dabei alle Spieler motiviert hält. Zum anderen möchte er aber auch jungen, einheimischen Talenten für ihre Entwicklung wertvolle Spielpraxis geben.

Viele Trainer vertrauen auf eine fest eingespielte Rotation, also auf eine feste erste Fünf (in der Regel die besten Spieler), die sich blind verstehen und eingespielt sind. Die Rotation besteht zusätzlich aus den Ersatzspielern, die später zum Einsatz kommen. Es gibt Trainer, die lassen mit einer großen Rotation spielen und setzen alle 10-12 verfügbaren Spieler ein und es gibt Trainer, die vertrauen auf nur 7-8 – je nachdem, welche Philosophie sie verfolgen.

In den Playoffs verkürzen Trainer häufig ihre Rotation. Das heißt, es kommen weniger Spieler zum Einsatz. Damit will der Coach einen besseren Rhythmus beibehalten und seine Schlüsselspieler stärker in die Verantwortung ziehen.

Häufig ist zu beobachten, dass zu einem bestimmten Zeitpunkt gegen Mitte oder Ende des ersten Viertels die erste Auswechslungswelle vom Trainer durchgeführt wird. Wenn die Spieler es gewohnt sind, zu einem bestimmten Zeitpunkt ausgewechselt zu werden, hilft das, Enttäuschungen und falsche Erwartungen zu vermeiden. Es sei denn, der Coach möchte einzelne Spieler bewusst provozieren und wachkitzeln, indem er sie früh auswechselt, um die Mannschaft aggressiver und wütender zu machen.

Coaches sagen den Spielern, dass die Rotation (insbesondere die *Starting Five*) nicht in Stein gemeißelt ist. Denn er möchte damit verhindern, dass sich ein Spieler sich seines Platzes zu sicher ist und mit seiner Leistung haushält. Der Coach möchte, dass jeder Spieler im Training weiterhin 100 % gibt und sich seinen Platz in der Anfangsformation neu verdient. Ansonsten werden andere Spieler trotz starker Trainingsleistungen irgendwann demotiviert oder fühlen sich ungerecht behandelt.

Nach einer Auswechslung lässt der Coach einen frustrierten Spieler seine Emotionen kurz abkühlen, bevor er ihm ein paar Worte des Feedbacks gibt. Die Rolle kann auch vom Assistenztrainer übernommen werden. Vor einer Einwechslung gibt der Coach dem einzuwechselnden Spieler ebenfalls ein paar kurze Hinweise oder motivierende Worte mit auf den Weg.

8.1.4 Mannschaftsbesprechung vor, während und nach dem Spiel

Unmittelbar *vor* dem Spiel findet in der Umkleidekabine eine letzte *Einstimmung* auf die anstehende Partie statt, die nicht länger als 10-15 Minuten dauert. Der Coach schreibt ein paar Schlüsselpunkte der Spieltaktik auf ein Flipchart, die sowohl ganz allgemein sein können, aber die auch speziell den Angriff und die Verteidigung betreffen. Außerdem bespricht er die wichtigsten Systeme des Gegners.

Die taktischen Inhalte sind den Spielern bereits aus den letzten Trainingseinheiten bekannt, dienen also nur der Wiederholung. Der Coach benennt außerdem die eigene Starting Five und geht auf die zu erwartenden Match-ups ein, auf die jeder Spieler auf seiner Position trifft. Abschließend hält der Coach noch eine kurze, motivierende Ansprache, die je nach aktueller Lage emotional oder sachlich sein kann.

Zu Beginn der *Halbzeitpause* studiert der Trainer zunächst die Statistiken und bespricht sich anschließend mit seinen Assistenten über die weitere Marschroute.

- ★ Soll weiter so, wie bisher, gespielt werden oder muss etwas verändert werden?
- ★ Welche Spielerkombination war in der ersten Halbzeit am effektivsten?
- ★ Wer steht in der zweiten Halbzeit in der Starting Five?

Darauf aufbauend, wählt der Coach gezielt die Infos aus, die er an die Mannschaft weitergibt. Seine Halbzeitansprache kann Lob und/oder Kritik beinhalten. Die moderne Videotechnologie erlaubt es auch, den Spielern kurze Sequenzen aus der ersten Halbzeit zu zeigen, um auf Fehler hinzuweisen und bestimmte Abläufe des Gegners zu verdeutlichen. Gegebenenfalls führt der Coach auf dem Weg zum Feld noch kurze, individuelle Gespräche mit einzelnen Spielern.

Die Ansprache *nach* Spielende fällt sehr kurz aus und beinhaltet nur 1-2 Schlüsselbotschaften. Zum einen sind die erschöpften Spieler nicht richtig aufnahmefähig, zum anderen wollen sie schnell duschen, weil sie den Medien für Interviews zur Verfügung stehen müssen. Eine Analyse des Spiels folgt erst am nächsten Tag. Nach Niederlagen birgt eine Besprechung direkt nach Spielende auch die Gefahr, dass ein Coach emotional überreagiert und Dampf ablässt. Das kann dazu führen, dass sich die Spieler angegriffen fühlen und somit das Verhältnis zwischen Spieler und Coach zerrüttet.

Der Cheftrainer geht im Anschluss zur verpflichtenden Pressekonferenz, sagt ein paar Worte zum Spiel und zur Leistung seiner Mannschaft, bevor er auf die Fragen der Journalisten antwortet. Danach steht er meist noch für exklusive Fragen und Interviews zur Verfügung. Wichtig für den Coach ist, dass er trotz einer herben Niederlage seine Contenance bewahrt, sich von provozierenden Fragen nicht locken lässt oder Dinge sagt, die er später bereut.

8.1.5 Weitere wichtige Aufgaben

Die Verantwortung eines Headcoachs geht weit über die Durchführung des Trainings und das Coachen des Spiels hinaus. Er hat sowohl für die basketballbezogene als auch für die menschliche Entwicklung der ihm anvertrauten Spieler eine hohe Verantwortung. Der Umgang mit 12, nicht immer einfachen Hochleistungssportlern, die ständigen Wettkämpfe und der intelligente Umgang mit Sieg und Niederlage stellen den Cheftrainer vor immense Aufgaben.

Auch wenn im Profibereich der mannschaftliche Erfolg im Vordergrund steht, besteht eine wesentliche Aufgabe für den Trainer darin, die ihm anvertrauten Spieler weiterzuentwickeln. Das gilt insbesondere für junge Spieler und zwar sportlich als auch im Einstellungsbereich.

Als Führungskraft ist der Headcoach neben der individuellen *Weiterentwicklung* der Spieler für den kollektiven Erfolg des Teams verantwortlich. Seine wesentliche Aufgabe besteht im Setzen von Leitideen, im Definieren von Regeln und in der Entwicklung einer klaren sportlichen Identität. Gute Mannschaften zeichnen sich häufig durch eine immer erkennbare kollektive Identität aus, die geprägt ist von der Handschrift des Trainers.

Kollektive Identität bedeutet so etwas wie ein Alleinstellungsmerkmal, eine charakteristische Art, zu spielen oder sich zu verhalten, die den Spielern eine Orientierung gibt und ihnen eine besondere Form der Identifikation ermöglicht.

Kommunikation in jeder Form sollte beim Cheftrainer eine hohe Priorität haben. Gerade wenn es in der Mannschaft kriselt, einzelne Spieler schlecht spielen oder die Mannschaft unter Druck steht, weil sie die Erwartungen nicht erfüllt, müssen die Kommunikationskanäle offen sein. Es ist dann die Aufgabe des Trainers, Einzelgespräche zu führen, Feedback oder konstruktive Kritik zu geben. Er sollte dabei gelassen und optimistisch bleiben und Lösungsvorschläge parat haben.

Ähnliches gilt für die Lösung von *Konflikten*. Als Führungspersönlichkeit muss der Headcoach eine große Wachsamkeit und Sensibilität für Konflikte besitzen und versuchen, sie durch Gespräche oder andere Maßnahmen gar nicht erst entstehen zu lassen. Gelingt dies nicht, muss der Headcoach einschreiten und den Konflikt in Anlehnung an die gemeinsamen Leitlinien regeln. Konflikte werden grundsätzlich intern, also innerhalb der Mannschaft, geregelt.

Eine weitere wichtige Aufgabe von Cheftrainern ist es, *Prioritäten* zu setzen. Es gibt eine Vielzahl an taktischen Möglichkeiten im Angriff und in der Verteidigung. Wenn man als Trainer versucht, den Spielern alle Möglichkeiten beizubringen, werden sie überfordert und lernen am Ende im Zweifel nichts richtig. Vielmehr sollte sich der Coach auf solche Inhalte konzentrieren, in Bezug auf die er die größte Erfahrung mitbringt und von deren Einsatz er für den Erfolg der Mannschaft überzeugt ist. Je weniger Zeit ein Trainer hat, desto wichtiger ist es, Prioritäten im Training zu setzen.

Als Führungskraft sollte der Cheftrainer mit spürbarer *Leidenschaft* und innerer Begeisterung für seine Arbeit mit den Spielern bei der Sache sein. Nicht nur er selbst profitiert von dieser mentalen Energie, sondern auch die Mannschaft und das Umfeld lässt sich von der positiven Ausstrahlung anstecken.

Weiterhin sollte er mit eigenem positiven Beispiel vorangehen. Denn die Spieler und das Umfeld beobachten alle Entscheidungen und Handlungen des Trainers sehr genau. Alles, was er tut, wird wahrgenommen und hat eine unbewusste Wirkung. Der Trainer muss versuchen, *authentisch* ein Verhalten vorzuleben, an dem sich die Spieler orientieren können.

Ein Beispiel: In fast allen Profimannschaften wird erwartet, bei nicht ernsthaften Verletzungen zu trainieren und zu spielen („hurt, not injured"), also Schmerzen zu ignorieren und auf die Zähne zu beißen. Würde sich der Trainer nun aufgrund einer kleinen Erkältung krank melden und vom Training fernbleiben, würde er seine Glaubwürdigkeit verlieren. Trainer müssen hohe Standards setzen, an denen sich Spieler orientieren können. Sie tun dies vor allem durch das gelebte Beispiel.

Darüber hinaus braucht die Führung des Cheftrainers auch ein klares *Wertesystem*, welches dem Trainer und damit auch den Spielern einen Orientierungsrahmen gibt. Werte wie Verlässlichkeit, Disziplin, Trainingsfleiß, Teamfähigkeit, respektvoller Umgang und gegenseitige Unterstützung sind grundlegende Eigenschaften für langfristigen Erfolg. Der Cheftrainer definiert die Regeln des kollektiven Zusammenlebens und setzt Leitvorstellungen, an denen sich alle zu orientieren haben.

Solche *Regeln* könnten beispielsweise die folgenden sein: Erfolg als erste Priorität, als Profi auf und außerhalb des Feldes auftreten, keine Entschuldigungen, keine Kritik an Mitspielern, Interna dringen nicht nach außen oder das Team steht über jedem Einzelnen.

Die Aufgabe des Cheftrainers ist auch, dafür zu sorgen, dass die definierten Regeln konsequent eingehalten werden. Hilfreich ist es, einen *Strafenkatalog* zu erstellen, um den Vorwurf der Beliebigkeit oder Bevorzugung zu umgehen. Ein Mangel an Konsequenz führt zu einem Verlust an Glaubwürdigkeit und Respekt.

Die *Zusammenstellung* des Kaders in der spielfreien Zeit gehört zu den wichtigsten Verantwortlichkeiten des Cheftrainers. Dies geschieht in Zusammenarbeit mit dem Sportdirektor und den Assistenztrainern.

Eine weitere Aufgabe des Trainers besteht in der Verteilung der *Verantwortlichkeiten* und *Rollen* innerhalb der Mannschaft. Je klarer die Rollen sind, desto besser werden sie von den Spielern umgesetzt. Der Cheftrainer sollte diese offen mit jedem Spieler besprechen.

- ★ Worauf soll der Spieler seinen Fokus richten?
- ★ Hart verteidigen und rebounden oder in erster Linie werfen und viele Punkte machen?
- ★ Leistungsträger oder Ergänzungsspieler?
- ★ Soll er die Mannschaft anführen oder dem Leitwolf folgen?
- ★ Wie viel Spielzeit ist zu erwarten?
- ★ Welchen Platz in der Rotation nimmt der Spieler ein?
- ★ Starting Five, sechster Mann oder gar Nummer 11 und 12 mit wenig bis keinen Spielanteilen?

Diese Fragen mit den Spielern zu klären, spielt eine große Rolle, damit es weder Frust noch Enttäuschung für falsche Erwartungen gibt. Im Idealfall identifiziert sich der Spieler voll mit seiner Rolle, geht darin zu 100 % auf und leistet damit einen unverzichtbaren Anteil für den Erfolg der Mannschaft. Sätze von bekannten Trainern wie: „Jedes Team braucht

Rennpferde und Schweine" (Gordon Herbert) oder: „Wenn du kein Soldat bist, gehörst du nicht zum System", (Sasa Obradovic) verdeutlichen die Dringlichkeit einer klaren Rollenverteilung innerhalb einer Mannschaft.

Der richtige *Umgang* mit den Spielern ist dabei sehr wichtig. Jeder Spieler muss aufgrund seines individuellen Charakters vom Cheftrainer etwas anders behandelt werden. Entscheidend ist in Bezug auf alle Spieler in jedem Fall ein respektvoller, transparenter, unterstützender und zuvorkommender Umgang (auch mit dessen Familie) und keine Bevorzugung einzelner Spieler.

Lob und *Kritik* gehören gleichermaßen dazu. Dabei sollte der Cheftrainer immer er selbst, also authentisch, sein. Er darf sich auch nicht durch mediale Kritik oder gut gemeinte Ratschläge beeinflussen lassen, sondern muss seiner Linie treu bleiben. Kein Trainer kann es allen recht machen. Bei guten Trainern ist immer eine eigene Handschrift erkennbar.

Die *Visionen* und *Ziele* des Headcoachs sind entscheidende Orientierungshilfen für ihn selbst, seine Assistenten und die Spieler. Visionen haben eine Leuchtturmfunktion, während Ziele konkret formuliert und überprüfbar sind. Der Cheftrainer setzt kurz-, mittel- und langfristige Ziele sowie kollektive und individuelle Ziele. Sind die Ziele klar definiert, entwickelt der Trainer einen Plan – also den Weg zum Erreichen des Ziels. Das heißt, es werden konkrete Maßnahmen und Methoden im Training geplant und umgesetzt.

„Die Aufgaben von Trainern sind vielfältig, die Verantwortung ist enorm, die Wertschätzung unzureichend", schreibt der bekannte Trainer Dirk Bauermann in seinem Buch *Basketballtraining*. Neben der Leidenschaft, Ziele zu erreichen und Spiele zu gewinnen, haben Bauermann immer zwei Aspekte besonders gefesselt:

1) In kurzer Zeit eine aus 12 Individualisten auf höchstem Niveau und unter schwierigen Bedingungen verlässlich funktionierende Einheit zu formen.

2) Spieler in ihrer individuellen sportlichen und menschlichen Entwicklung zu begleiten und zu fördern.

Fachkompetenz, Fleiß, Fingerspitzengefühl, Motivationsfähigkeit, Konsequenz und manchmal auch Härte gehören seiner Meinung nach zur Grundausstattung von Profitrainern. Hinzu käme Resilienz, also die Fähigkeit, mit Rückschlägen umzugehen, als auch eine klare Philosophie von Spiel und Training, Durchsetzungsfähigkeit und ein hohes Maß an psychischer und physischer Belastbarkeit, die zu den Charakteristika von Spitzentrainern gehören.

Übrigens tragen fast alle Cheftrainer und ihre Assistenten einen schicken Anzug mit Hemd und Krawatte. Damit heben Sie sich optisch von den Spielern ab. Eine Anzugpflicht gibt es in der Bundesliga jedoch nicht.

8.2 ASSISTENZTRAINER

Die *Assistenztrainer* (auch *Co-Trainer* oder *Assistant Coach* genannt) leisten im Profibereich unverzichtbare Arbeit für jede Mannschaft. Trotzdem nimmt kaum jemand Notiz von ihnen. Denn sie agieren im Hintergrund, im Schlagschatten des Headcoachs. Sie werden weder zu Helden, wenn das Team Meisterschaften gewinnt, noch müssen sie ihren Kopf hinhalten, wenn es im Abstiegskampf Kritik hagelt. Während Cheftrainer, Spieler, Manager und Geschäftsführer in den Medien häufig präsent sind und gern von Journalisten befragt werden, redet kaum einer über die Assistenztrainer, geschweige denn, interessiert sich jemand für deren Aufgaben.

Grundsätzlich beschäftigt sich ein Assistenztrainer während der Saison im Bundesligaalltag mit drei Kernthemen. Dazu zählt als Erstes die *Spielvorbereitung*, also die Analyse des Gegners und, damit verbunden, die Erstellung eines schriftlichen *Scouting-Reports*.

Das Scouting des gegnerischen Angriffs, der Verteidigung und die individuellen Spielercharakteristiken sind darin Bestandteil. Die Erarbeitung von Strategien und Taktiken, wie man gegen einen Gegner offensiv und defensiv agiert, ist außerdem Teil des Scouting Reports. Der Assistenztrainer schneidet dafür passendes Videomaterial zusammen und liefert dem Cheftrainer perfekt aufbereitet die wichtigsten Informationen. Das gilt für jedes anstehende Spiel.

Die Anfertigung des Reports ist eine sehr komplexe Angelegenheit. Darin enthalten ist eine komplette Analyse des Gegners, sowohl offensiv als auch defensiv, und die Beantwortung der folgenden Fragen:

★ Was macht die gegnerische Mannschaft im Angriff?

★ Was sind ihre Konzeption und Schwerpunkte im Angriff?

★ Lässt sich all das mit Statistiken belegen?

Zur Defensivanalyse gehören die Fragestellungen:

★ Wie verteidigen die Spieler?

★ Wie verteidigen sie bestimmte Elemente eines Angriffs?

★ Wie verteidigen sie Pick & Rolls, Pick & Pops, pressen sie übers ganze Feld usw.?

Anhand dieser offensiven und defensiven Analysen wird die strategische Analyse durchgeführt:

★ Wie wollen wir gegen diesen Gegner spielen?

★ Wie wollen wir gegen diesen Gegner angreifen und verteidigen?

★ Welche Vorteile sehen wir für uns im Angriff gegen diesen Gegner?

Wenn das Scouting der Mannschaft als Ganzes abgeschlossen ist, werden die Stärken und Schwächen der einzelnen Spieler unter die Lupe genommen und zu Papier gebracht. Daraus ergibt sich die Frage:

★ Wie sollen diese Spieler individuell verteidigt werden?

Ist das Scouting der individuellen Spieler fertig, folgt als Drittes der arbeitsaufwendigste Teil des Berichts: die *Systeme des Gegners* zu Papier zu bringen. Denn zum *Scouting-Report* gehört natürlich auch die Videoarbeit. Bedeutet: Das schriftlich festgehaltene Material muss auch audiovisuell belegt und aufbereitet werden.

Die individuellen Spieler werden dabei in Videoform präsentiert. In der Regel handelt es sich um 5-7 charakteristische Clips jedes Spielers. Außerdem wird die Teamoffensive und -defensive des Gegners nicht nur auf Papier gebracht, sondern auch auf Video geschnitten und präsentiert. Damit soll geklärt werden, wie die Mannschaft den Gegner attackieren und verteidigen will.

Den größten Aufwand macht es, die Systeme des Gegners auseinanderzupflücken, um zu zeigen, wie er angreift. Bevor ein Assistenztrainer mit dem Videoschnitt beginnt, schaut er meistens 3-5 komplette Spiele des Gegners. In der Regel zerlegt er davon 2-3 Spiele in ihre Einzelteile mit einem professionellen Schnittprogramm. Die Spiele werden in Offense- und Defense-Sequenzen sowie Spielercharaktere zerschnitten.

Am Ende kommen drei Videos heraus, die jeweils zwischen neun und 12 Minuten lang sind. Das Material überreicht er dem Headcoach, der dann entscheidet, was den Spielern in der Videosession präsentiert wird. Im Vorfeld werden zwischen Assistent und Chef viele Fragen im Gespräch geklärt, was die Stärken und Schwächen des Gegners betrifft.

Das zweite Kernthema eines Assistenztrainers ist die *Spielanalyse* bzw. die *Aufarbeitung des Spiels* anhand der *Statistiken*. Als dritte Aufgabe gehört schließlich die *individuelle Arbeit* mit den Athleten dazu, es sei denn, ein Klub leistet sich zusätzlich einen darauf spezialisierten Individualtrainer (s. u.).

Jedoch ist es immer vom Klub und vom Headcoach abhängig, welche konkreten Aufgaben und Verantwortungsbereiche ein Assistenztrainer übernimmt und wie die Rollenverteilung unter den Assistenztrainern innerhalb eines Klubs ist, sofern es mehrere gibt.

Neben den Kernaufgaben, die das Individualtraining mit den Spielern einbezieht, laufen auch *organisatorische Aufgaben*, wie etwa die Koordination und zeitliche Abstimmung von PR- und Presseterminen, über den Assistenztrainer. Er weiß immer, wann und wo die Mannschaft Training hat. Er ist somit Bindeglied zwischen der Geschäftsstelle und der Mannschaft.

Die Rollenverteilung zwischen den Assistenztrainern innerhalb eines Klubs ist klar voneinander getrennt, aber auch sehr genau aufeinander abgestimmt, weil es einfach keine Zeit zu verlieren gibt. Je besser ein Klub in dieser Hinsicht organisiert ist, desto besser ist es für alle Beteiligten.

Assistenztrainer kommunizieren permanent mit den Spielern und auf einer anderen Ebene, als es der Cheftrainer tut. Der Co-Trainer ist viel näher an den Spielern dran als der Headcoach. Das heißt, es entstehen manchmal freundschaftliche Verhältnisse zu den Profis.

Während der Spiele geht ein Assistenztrainer auch gerne mal zu einem Spieler hin, nachdem dieser vom Headcoach auf die Bank beordert wurde. Ein guter Assistenztrainer gibt dem Spieler direktes Feedback und versucht, ihm wieder vor Augen zu führen, was er auf dem Feld zu tun hat. Er gibt ihm nicht nur ein Feedback, sondern auch einen Fokuspunkt. Das können taktische, technische oder völlig belanglose Dinge sein, wie ein Wachrütteln.

Während der Cheftrainer die Mannschaft anführt und in der Medienlandschaft seinen Kopf hinhalten muss, im Rampenlicht und Sturm zugleich, steht der Assistent in seinem Schatten und arbeitet ihm zu. Chef und Assistent sollten die gleiche Marschroute haben. Die Richtung gibt am Ende der Chef vor. Aber je größer das Vertrauen zwischen beiden ist, desto mehr Verantwortung bekommt der Assistent.

8.3 ATHLETIKTRAINER

Der *Athletiktrainer* ist Teil des Coaching-Staffs. Seine Aufgabe ist es, die Spieler in der Saisonpause fit zu machen, sie körperlich auf die Saison vorzubereiten und ihre sportliche Leistung zu verbessern. Konkret bedeutet das, die Kraft, Schnelligkeit, Ausdauer, Koordination, Agilität (Gewandtheit) und Beweglichkeit zu verbessern. All diese Elemente kommen im Athletiktraining vor.

Gleichzeitig ist es die Aufgabe des Athletiktrainers, während einer harten, kräftezehrenden Saisonphase, die Spieler mit regenerationsfördernden Maßnahmen vor Verletzungen zu schützen. Der Athletiktrainer übernimmt vor einem Punktspiel das Aufwärmprogramm. Auch vor und nach jeder einzelnen Trainingseinheit kommt er zum Einsatz für das Warm-up und Cool-down.

Der Athletiktrainer legt großen Wert darauf, dass die Spieler einen stabilen „Stützapparat" entwickeln. Das heißt, die Spieler kräftigen ihre Rumpfmuskulatur, vor allem den Bauch, Rücken und Po, um ihre Wirbelsäule und Hüfte zu stabilisieren und vor Verletzungen zu schützen. Eine starke Rumpfmuskulatur hilft zum Beispiel beim Kampf um den Rebound, die Position zu behaupten, in der Verteidigung gegenzuhalten oder auch bei feinmotorischen Fähigkeiten wie dem Sprungwurf.

Muskelkraft ist für alle Bewegungen im Basketball die Voraussetzung – im Angriff und in der Verteidigung, gleichgültig, ob ein Spieler läuft, springt, verteidigt, blockt, stealt, reboundet oder passt. Um die Qualität seiner Skills zu verbessern, muss ein Spieler ein zielgerichtetes *Krafttraining* durchführen, welches eines der Hauptbestandteile im Basketball-Athletiktraining ist. Trainiert wird im präventiven Bereich in der Regel weniger an Kraftmaschinen, sondern vielmehr mit einem funktionellen Trainingsansatz, der Kurz- und Langhanteln, Schlingentrainer, Medizinbälle, Minibands, Thera-Bänder® und andere Kleingeräte beinhaltet. Zum Krafttraining zählt beispielsweise auch das olympische Gewichtheben, also das Reißen und Stoßen mit der Langhantelstange, um die Schnellkraft der Spieler zu verbessern.

Während der Saison, in der viele Spiele hintereinander anstehen, geht es darum, die Spieler durch Krafttraining fit und gesund zu halten. Einer der erfolgreichsten Basketball-Athletiktrainer der Welt ist Shawn Windle. Er arbeitet seit 2005 bei den Indiana Pacers in der NBA. Er sagt: „Unser Hauptaugenmerk liegt während der Saison darauf, die Spieler gesund zu halten sowie Bewegungsbeeinträchtigungen zu identifizieren, die in der Zukunft Verletzungen verursachen könnten. Besonders bei den Jungs, die während der Saison viele Minuten bekommen, versuchen wir immer, möglichen Problemen vorzubeugen. Wir überprüfen und evaluieren ständig unsere Profis, um herauszufinden, ob sie sich in einwandfreier Manier bewegen.

Wenn es um Programme im Kraftraum geht, unternehmen wir viele korrigierende Übungen, um an den Beeinträchtigungen zu arbeiten. Von einem allgemeinen Gesichtspunkt betrachtet, liegt mein primärer Fokus auf der Entwicklung von Kraft. Meiner Ansicht nach sind nicht viele Basketballspieler sehr stark. Sie sind sehr geschickt, arbeiten viel an ihrem Wurf, am Dribbling und so weiter. Aber es gibt nie eine besondere Betonung auf Krafttraining im Verlauf ihrer Karriere. Der Kraftraum ist eben nicht Teil der Basketballkultur.

Bei den meisten Spielern ist grundlegendes *Krafttraining* zu kurz gekommen. Deshalb verbringen wir sehr viel Zeit mit fundamentalen Kraftprogrammen und versuchen, die Spieler so stark wie möglich zu machen. Auch während der Saison heben wir so oft wie möglich schwere Gewichte. Das hängt natürlich davon ab, wie viele Minuten ein Spieler auf dem Feld steht ... und von seinen individuellen Bedürfnissen. Aber die meisten unserer Jungs müssen weiter Kraft entwickeln. Das ist der primäre Fokus."

Für einen explosiven ersten Schritt, einen starken Antritt bei Cuts und Beschleunigungsvermögen bei Sprints ist ein *Schnelligkeitstraining* die Voraussetzung. Schnelligkeit ist auf allen Positionen wichtig, insbesondere auf den Guard-Positionen. Im Basketball-Athletiktraining verbessern die Spieler ihre Schnelligkeit mit verschiedenen Sprintstarts und Pylonendrills (von Hütchen zu Hütchen).

Damit ein Spieler nicht schon bei der Hälfte des Trainings nach ein paar Sprints oder nach dem ersten Spielviertel erschöpft zusammensinkt, muss er seine *Ausdauer* gezielt trainieren. Die Grundlagen legt der Athletiktrainer dafür in der spielfreien Zeit mit einem sogenannten *Grundlagenausdauertraining* (z. B. Dauerlauf mit gleichbleibender Intensität). Später kommen dann „basketballspezifische" Intervallläufe hinzu, bei denen die Spieler das Tempo in bestimmten Abständen verändern, so wie es beim Basketball der Fall ist.

Ein weiterer wichtiger Aspekt im Athletiktraining ist die Schulung der *Koordination* und *Agilität* (Gewandtheit). Damit ist das harmonische Zusammenspiel der Sinnesorgane (z. B. Augen), des Nervensystems und der Muskulatur gemeint. Zur Koordination zählt u. a. die Balance- bzw. Gleichgewichtsfähigkeit, Kopplung von Schrittkombinationen, Orientierung in der Halle (Überblick), Reaktionsfähigkeit und Rhythmusgefühl. Für das Training eignen sich besonders die auf dem Boden liegende Koordinationsleiter und Minihürden, die mit verschiedenen Schritt- und Sprungkombinationen durchlaufen bzw. überwunden werden.

Zu guter Letzt findet im Basketball-Athletikbereich auch ein *Beweglichkeitstraining* statt. Durch Mobilisationsübungen wird der Bewegungsumfang der Gelenke verbessert und mithilfe von Dehnübungen werden die Muskeln geschmeidig gehalten und Verkürzungen entgegengewirkt.

Um den aktuellen Leistungsstand der einzelnen Spieler zu ermitteln, führt der Athletiktrainer zum Beginn der Saisonvorbereitungsphase verschiedene *Tests* mit den Spielern durch. Dazu zählen z. B. der Functional Movement Screen (testet die Mobilität, Stabilität und funktionelle Bewegungsmuster), Maximalkrafttests, Sprungkrafttests, Schnelligkeitstests, Aktionsschnelligkeitstests, Schnelligkeitsausdauertests oder Grundlagenausdauertests.

Auf der Grundlage der Testergebnisse baut der Athletiktrainer das folgende Training in der Off-Season auf. Er periodisiert das Athletiktraining und teilt es in Trainingszyklen auf, in denen unterschiedliche Trainingsmethoden angewendet werden. Das kann z. B. nach dem folgenden Muster erfolgen: Übergangszyklus (vier Wochen), Grundlagenzyklus (vier Wochen), Erholung (eine Woche), Intensitätszyklus (zwei Wochen), Erholung (eine Woche), Start der Vorbereitung (vier Wochen). Der Athletiktrainer tritt in der Öffentlichkeit so gut wie nie in Erscheinung und ist auch nicht im Bewusstsein des Basketballfans. Seine Verantwortung für die körperliche Fitness der Spieler ist aber immens.

8.4 INDIVIDUALTRAINER

Finanzkräftige Vereine leisten sich neben zwei Assistenztrainern, die das Scouting übernehmen sowie dem Athletiktrainer, der für die Fitness zuständig ist, zusätzlich einen vierten Mann, der zum Coaching-Staff gehört: einen *Individualtrainer*, der auch als *Skills-Coach* bezeichnet wird. Er ist darauf spezialisiert, die Fertigkeiten einzelner Spieler zu verbessern.

Der Tagesablauf eines Individualtrainers ist ein komplett anderer als der seiner Trainerkollegen. Statt im Büro zu sitzen und Videos zu schneiden, findet man ihn fast nur in der Halle. Wie der Name schon sagt, ist die Aufgabe des Individualtrainers, die Spieler individuell zu trainieren und somit gezielt zu verbessern.

Ein Beispiel aus der Praxis von Stefan Weissenböck („Head of Player Development" in Bamberg): Eine Stunde vor jedem Teamtraining leitet er drei 15-20-minütige Blöcke, die er als *Pre-Practices* bezeichnet. Darin fördert er die Athleten im Eins-zu-eins-Coaching. Bei den „Pre-Practices" werden Diamanten geschliffen, es wird wiederholt, was die Spieler gut können, es wird unterbrochen, korrigiert und herumgefeilt.

Für jeden Spieler ist das Wichtigste der Wurf. Jeder will gut werfen können und will auch daran arbeiten. In seltenen Fällen muss der Individualtrainer den Wurf komplett „auseinanderbrechen". Vielmehr genüge es, am Wurf herumzufeilen und zu schauen, was die Füße, Arme und Hände während der Wurfbewegung machen. Wenn es nicht so gut klappt, hört er zu, gibt Tipps und versucht, eine Verbindung herzustellen. Bei den gestandenen Profis wird er natürlich nicht den kompletten Wurf verändern.

Jeder „Pre-Practice-Block" ist ein Einzeltraining, in Ausnahmefällen sind es zwei Spieler gleichzeitig, die vor dem Teamtraining durch die Hände des Individualtrainers gehen. Alles ist perfekt organisiert und genau terminiert. Das Ganze geschieht im Rotationsverfahren, sodass jeder Spieler 1-2-mal pro Woche durch den Skills-Coach individuell gefördert wird. Das Rad wird mindestens einmal durchgedreht, sodass jeder bis zum nächsten Spiel einmal bei ihm war. Die Termine der Spieler stehen für jeden sichtbar auf einem Whiteboard in der Halle. Die jüngeren Spieler sind zuerst dran und kurz vor dem Training trudeln die ältesten Spieler bzw. die wichtigsten Namen ein.

Neben den täglichen „Pre-Practice-Blöcken" vor jeder Teamtrainingseinheit ist die Arbeit für den Individualtrainer jedoch längst nicht getan. Nachdem die Spieler im Teamtraining zunächst vom Athletiktrainer mit einem kurzen Aufwärmteil aktiviert wurden, geht es weiter mit dem „Skills-Block" unter der Anleitung des Individualtrainers. Die großen und die kleinen Spieler werden getrennt. Der „Skills-Block" ist oft schon auf den nächsten Gegner abgestimmt.

Spielt der nächste Gegner z. B. in der Defense gerne „Hedge", üben die Spieler im Skills-Block das Werkzeug, was sie dazu brauchen, um die Defense zu knacken. In diesem Fall Pick & Roll. Wie kommt der Guard über den Block, welche Beinarbeit wollen sie, welchen Pass wollen sie spielen? Weiter als „vortaktisch" geht der Individualtrainer mit seiner Arbeit jedoch nicht.

Aufgrund der hohen Spieldichte inmitten der Saison auf nationaler und europäischer Ebene haben viele Teams neben dem Individualtraining nur eine Teamtrainingseinheit am Tag. Überlastungen werden so vermieden. Vormittags haben die Jungs „nur" Athletikeinheiten und anschließend mit dem Individualtrainer einen „Team-Shooting-Block", also reines Wurftraining. Dazu zählen positionsspezifische Würfe, Würfe unter Zeitdruck, Würfe mit hoher Genauigkeit oder die Spieler müssen gewisse Quoten in Serien schaffen, um nach Hause gehen zu dürfen.

Auch an Spieltagen nutzt der Individualtrainer die Möglichkeit, an den Fertigkeiten einzelner Akteure zu werkeln. Während in der Haupthalle das Shootaround stattfindet, arbeitet der Skills-Coach in einer anderen Halle mit zwei, drei Spielern, die geschont werden. Diese bekommen ein spezielles Workout. Diese Methoden sind von der NBA abgeschaut, wo jeder Klub einen ganzen Stab von fünf, sechs Leuten an reinen Spielerentwickler-Coaches hat. Aus der NBA können deutsche Coaches eine Menge lernen, was die perfekte Organisation des Individualtrainings betrifft und wie es trotz des sehr intensiven Spielplans (82 Saisonspiele) integriert werden kann.

Auf Roadtrips ist ein Individualtrainer selten mit, außer, wenn es wirklich wichtig ist oder ein Trainingslager im Ausland ansteht. Das hat den Vorteil, dass er mit den Spielern im Nachwuchsbereich individuell trainieren kann, während die Profis on Tour sind.

8.5 TEAMBETREUER

Der *Teambetreuer* ist das „Mädchen für alles" innerhalb einer Mannschaft. Er kümmert sich um das Wohl der Spieler vor, während und nach den Trainingseinheiten und den Spielen. Er hat zahlreiche Aufgaben, die das Team betreffen und ist immer mit auf Achse, wenn die Mannschaft ein Auswärtsspiel hat. Er ist ein Bindeglied zwischen der Mannschaft und der Geschäftsstelle. So plant er zum Beispiel die Auswärtsfahrten, erinnert die Spieler an Abfahrts- und Trainingszeiten und hat Ersatzsachen für die Spieler dabei.

Ein Teambetreuer ist bei jeder Trainingseinheit dabei. Bei den Spielen sorgt er dafür, dass alle Sportler mit Handtüchern, Warm-up-Shirts und Getränken versorgt sind. Wird ein Spieler ausgewechselt und setzt sich auf den freien Stuhl, erhält er sofort vom Teambetreuer sein Handtuch (frisch gefaltet), sein Getränk und sein Shirt gereicht.

Wird ein Spieler eingewechselt, muss es manchmal ganz schnell gehen. Der Spieler wirft sein Warm-up-Shirt und Handtuch im Laufen zur Seite und der Teambetreuer ist der Erste, der es wieder einsammelt, sorgfältig zusammenfaltet und aufbewahrt.

Die Profispieler wissen die wertvolle Bedeutung des Teambetreuers sehr zu schätzen. Durch ihn können die Spieler mental voll bei der Sache bleiben, statt sich den Kopf über vermeintlich unwichtige Dinge zu zerbrechen, die sie aus dem Konzept bringen.

Darüber hinaus hilft der Teambetreuer mitunter beim Dehnen vor dem Spiel. Auch die Gästemannschaft betreut er beim letzten Training vor dem Sprungball. Nach den Trainingseinheiten und den Spielen ist der Teambetreuer für die vollgeschwitzte Dreckwäsche verantwortlich. Ist der Waschgang abgeschlossen, faltet er alle Trikots, Shorts und Warm-up-Shirts zusammen, packt sie in die Taschen, um sie beim nächsten Spiel wieder parat zu haben. Nicht selten kommt es vor, dass ein Teambetreuer auch private Dienstleistungen für einen Spieler übernimmt, die nicht im direkten Zusammenhang mit dem Training oder Spiel stehen. Insofern wird ein Teambetreuer zeitlich voll eingespannt, Freizeit hat er nur wenig.

Aufgabenprofil eines Teambetreuers – Stellenausschreibung eines Profiklubs

- ★ Tätigkeit: Teambetreuer/in.
- ★ Gesucht werden: „Teamplayer".
- ★ Beschreibung der Tätigkeit: Ansprechpartner des Teams bei individuellen Anfragen am Spieltag, Organisation des Transportablaufs bei

Auswärtsfahrten (Einteilung der Spieler auf Transportmittel, Laden der Spielmaterialien), Versorgung des Teams während des Spiels mit Getränken und anderen Materialien, Instandhaltung der Teamkleidung, Beaufsichtigung von Wertsachen/Materialien während des Spiels, Unterstützung des Trainers am Spieltag.

★ Schnittstellen im Verein/Basketballabteilung und außerhalb: Trainer/in, Spieler/innen, Finanzmanagement, eventuell Eltern/Elternbeauftragter.

★ Zeitaufwand und Einsatzdauer: Begleitung aller Spieltage (Heim- und Auswärtsspiele) in der Regel ein Tag pro Wochenende von September bis April, zusätzlich 2-3 h/Woche für Organisation der Fahrten.

★ Einsatzort: Trainingsstätte und Spielstätte, Home-Office.

8.6 MEDIZINISCHE BETREUUNG

Zur *medizinischen Betreuung* einer Mannschaft zählen die Ärzte und Physiotherapeuten. Die meisten Mannschaften haben 1-4 *Teamärzte*. Vorrangig ist meist der Chirurg oder Orthopäde zuständig für die Verletzungen und Überlastungsbeschwerden. Ergänzt wird dieser bei den meisten Teams von einem Allgemeinmediziner oder Internisten, der sich um Infekte und andere Erkrankungen kümmert. Manche Mannschaften haben sogar einen Zahnarzt mit im Boot. Dass dieser nicht ganz unwichtig ist, sieht man, wenn man einmal darauf achtet, wie viele der Spieler einen Zahnschutz tragen.

Obligatorisch sind selbstverständlich auch die *Physiotherapeuten*, von denen meist mehrere zum medizinischen Team gehören. Die meisten Ärzte und Physiotherapeuten erbringen ihre Leistungen gegen ein geringes Honorar, das oft nur die Auslagen und Fahrtkosten deckt, lediglich die größeren Klubs können sich einen oder mehrere hauptamtliche Physiotherapeuten leisten. Von paradiesischen Zuständen wie im Fußball, wo sich zum Beispiel Arsenal London allein acht hauptamtliche Ärzte leistet, ist die Basketball-Bundesliga weit entfernt. Bei den meisten Klubs sind die Ärzte nur bei den Heimspielen anwesend, die Physiotherapeuten fahren auch zu den Auswärtsspielen mit. Da die Ärzte untereinander gut vernetzt sind, ist es Ehrensache, bei Bedarf auch den Spielern der gegnerischen Mannschaft zu helfen.

Einen Hauptteil der Arbeit des Mannschaftsarztes stellt die Koordination dar. Wenn sich ein Spieler verletzt, kommt meist direkt die Frage: „Wann ist er wieder einsatzfähig?" Um dieses Ziel schnellstmöglich zu erreichen, muss der Arzt nun die notwendige Diagnostik und Therapie koordinieren. Kernspin oder ähnliche bildgebende Untersuchungen, Physiotherapie, Trainingstherapie, physikalische Maßnahmen, die Arbeit mit dem Athletiktrainer und Individualtrainer in der Halle sowie die Reintegration ins Mannschaftstraining müssen geplant werden.

Auch das Management, die Spieleragenten und die Öffentlichkeit möchten natürlich stets informiert sein. So kommen bei den meisten Teamärzten schnell noch 2-3 Stunden Arbeit pro Tag zum normalen Beruf hinzu.

Nicht ganz unwichtig im Zusammenhang mit der Presse ist auch die ärztliche Schweigepflicht. Wie viele und welche Details über eine Verletzung dürfen an die Öffentlichkeit? Dies sollte immer zuvor mit dem betroffenen Spieler abgeklärt sein. Es ist also normalerweise nicht böse gemeint, wenn der Doc zum Journalisten nur „kein Kommentar" raunzt.

Neben der, als selbstverständlich vorauszusetzenden, bestmöglichen medizinischen Behandlung ist es für die Mannschaftsärzte extrem wichtig, das Vertrauen der Spieler zu gewinnen. Auch wenn der Arzt vom Verein engagiert ist, muss klar sein, dass das Wohl des Spielers Vorrang hat. Zwar will auch der Spieler möglichst schnell aufs Feld zurückkehren, er muss aber auch die weitere Karriere im Blick haben, was beim Vereinsmanagement nicht immer unbedingt der Fall ist. Alles richtig gemacht hat der Doc, wenn ihn Spieler auch noch Jahre später wegen ihrer Probleme (oft auch privater, nicht medizinischer Natur) um Rat fragen.

Welche *Verletzungen* müssen die Basketballärzte vorrangig behandeln? Mit über 40 % aller Verletzungen im Basketball ist die *Bandverletzung* am oberen Sprunggelenk mit Abstand die häufigste Verletzung. Nicht ohne Grund schreiben einige Vereine ihren Spielern vor, im Spiel beziehungsweise beim Training die Sprunggelenke zu tapen oder Schienen zur Stabilisation zu tragen. Wissenschaftliche Studien haben gezeigt, dass dies das Verletzungsrisiko deutlich vermindert.

Eine weitere Säule der Verletzungsprophylaxe ist das *sensomotorische Stabilisationstraining*, mit dem gezielt die gelenkschützende Muskulatur optimiert wird. Nach dem Sprunggelenk ist das Knie am zweithäufigsten von Verletzungen betroffen. Meniskus-, Innen- und vor allem Kreuzbandrisse führen meist zu längeren Ausfallzeiten, oft sind hier auch Operationen unvermeidbar.

Nach der Operation, bei der das Können des Arztes entscheidend ist, ist dann, im Rahmen der Rehabilitation, die Kunst des Physiotherapeutenteams und die Motivation des Spielers gefordert. Wichtig ist, den verletzten Sportler immer wieder an die Belastungsgrenze heranzuführen, aber gleichzeitig die Belastbarkeit der verletzten Strukturen nicht zu überschreiten. Hier ist die enge Kommunikation zwischen Arzt, Therapeut und Trainern unabdingbar.

Für häufig auftretende Verletzungen hat die Verwaltungsberufsgenossenschaft (VBG) einen sogenannten *Return-to-Competition-Algorithm* entwickelt, an dem sich die Ärzte orientieren. Dabei handelt es sich um eine standardisierte, innovative Testbatterie zur Beurteilung, ob ein verletzter Spieler wieder uneingeschränkt ins Mannschaftstraining zurückkehren kann (z. B. nach sechs Monaten nach Kreuzbandriss). Bei der Beurteilung helfen das subjektive Empfinden des Spielers (Schmerzfreiheit) sowie verschiedene Funktionstests der Absprung- und Landequalität, Agilität, Kraft und Ausdauer.

Eine weitere Aufgabe der Mannschaftsärzte sind *chronische Beschwerden* und *Überlastungsschäden*. Die Spieler melden sich hier oft erst, wenn sich die leichten Anfangsbeschwerden zu einem ernsthaften, chronischen

Problem entwickelt haben. Ein Beispiel hierfür ist das *Patellaspitzensyndrom*, eine „Standarderkrankung" bei Basketballern, die oft durch zu intensives oder falsches Sprungkrafttraining verursacht wird.

Die Hauptaufgabe des Arztes in Kooperation mit den Physiotherapeuten ist zunächst die Ursachenforschung. Der Ursprung des Problems liegt oft an einer ganz anderen Stelle, zum Beispiel in einer Fehlstellung des Beckens, Achsfehlstellung der Beine/Füße, einem muskulären Ungleichgewicht oder auch unzureichender Dehnfähigkeit. Solange die Ursache nicht behoben ist, werden die Beschwerden immer wieder auftreten. Ist alles wieder „im Lot", kann die ursächliche Entzündungsreaktion meist schnell behoben werden.

Um Überlastungsschäden, wie z. B. einem Ermüdungsbruch, vorzubeugen, vertraut der Medizinstab immer häufiger auf vom Computer ermittelte Daten. Themen wie „GPS-Tracking" und „Big Data" werden mit zunehmender Belastung der Spieler in Zukunft immer wichtiger. Die NBA dient als Vorbild (siehe Kap. 10.6). Anhand mit modernster Technologie ermittelter Daten ist zu erkennen, wie ein Spieler auf eine Belastung reagiert und ob er eventuell eine Trainings- oder Spielpause braucht, um Verletzungen zu vermeiden.

Die *Prävention* von Verletzungen hat einen immer höheren Stellenwert. Denn wenn ein hoch bezahlter Spieler lange ausfällt, entstehen hohe Kosten für den Verein (Spieler nicht einsatzfähig, Verein zahlt trotzdem Gehalt). Die Verletzungsprophylaxe durch GPS-Tracking wird den Basketball jedenfalls revolutionieren. Es ist die Aufgabe der Mannschaftsärzte, in Abstimmung mit den Trainern zu entscheiden, welches Tracking sinnvoll ist.

Im internistischen Bereich gilt es, die Gesundheit und Leistungsfähigkeit der Spieler zu erhalten. Durch die intensive körperliche Belastung ist die *Infektanfälligkeit* der Spieler erhöht, vor allem da ein Großteil der Saison parallel zur Grippesaison liegt. Durch Grippeschutzimpfungen, gesunde Ernährung und gegebenenfalls auch gezielte Nahrungsergänzungsmittel versuchen die Ärzte, das Immunsystem der Spieler zu optimieren. Gerade im Bereich der gesunden Ernährung ist jedoch bei den Spielern oft noch deutlicher Nachholbedarf vorhanden. Beim Stichwort *Nahrungsergänzungsmittel* muss selbstverständlich auch das Thema Doping beachtet werden.

Viele Spieler sind gewohnt, das Krafttraining durch Eiweiß- oder Kreatineinnahme zu unterstützen. Insbesondere bei Produkten aus dem Internet ist jedoch die Gefahr gegeben, dass eine Verunreinigung mit Dopingsubstanzen, z. B. Steroiden, vorliegt und dem Spieler, bei den jederzeit möglichen Kontrollen, eine zweijährige Sperre droht. Eine fundierte Beratung ist also nötig, was natürlich auch für Medikamente, die eventuell von anderen Ärzten verschrieben wurden, gilt.

Alle Spieler durchlaufen vor dem Saisonstart einen medizinischen *Eingangscheck* (nach Vorgabe der „Basket Docs"/Deutsche Basketballärzte e. V.). Erst wenn der Check-up bestanden ist, erhält der Spieler die Freigabe zu spielen. Der Medizincheck wird in Zusammenarbeit mit einem Orthopäden und einem Internisten durchgeführt und beinhaltet die orthopädische Untersuchung von Kopf bis Fuß (Beweglichkeit, Muskelfunktion, Stabilität) sowie die internistische (Blutbild, Ruhe-EKG, Belastungs-EKG, Ultraschall vom Herzen).

In seltenen Fällen erhält ein Spieler kein grünes Licht. Das kann mit dessen Verletzungsvorgeschichte zusammenhängen und der damit verbundenen Angst des Vereins, dass eine Verletzung bei zu großer Belastung wieder aufbrechen kann (z. B. Knorpelschaden). Ein anderer Grund kann der Nachweis von Drogen sein. THC spielt häufig eine Rolle, denn Cannabis steht im Wettkampf auf der Dopingliste.

Im Gegensatz zu den Mannschaftsärzten ist mindestens ein Physiotherapeut fest bei einer Mannschaft angestellt. Aufgabe des Physiotherapeuten ist es, vor den täglichen Trainingseinheiten, vor allem die Sprunggelenke der (fitten) Spieler zu tapen, um ein Umknicken zu vermeiden. Darüber hinaus tapt er Finger oder andere lädierte Gelenke.

Während der Trainingseinheit behandelt er dann die verletzten Spieler einer Mannschaft mit klassischen Maßnahmen, wie manueller Therapie, Wärme- und Kältetherapie, Gelenkmobilisationen, Dehnungen oder Massagen. Abhängig vom Budget des Vereins ist die Ausstattung mit Geräten im Trainingszentrum. Große Vereine haben vor Ort ein Ultraschall- oder Elektrotherapiegerät oder Eisbecken, während in kleinen Vereinen die Physiotherapeuten die Behandlung vor Ort nur mit den Händen machen. Die restliche Behandlung findet dann im Rehazentrum statt. Nach dem Training unterstützt der Physiotherapeut bei der Muskelpflege und Einleitung der Regeneration (z. B. Dehnübungen).

Der Physiotherapeut hilft dem verletzten Spieler, seine Schmerzen zu lindern, dessen Störungen im Bewegunssystem zu beheben, damit er sich möglichst schnell wieder so bewegen und belasten kann wie vorher. Gibt es aktuell keinen zu behandelnden Spieler während des Trainings, schaut der Physiotherapeut beim Training zu und unterstützt die Spieler, selbst wenn es nur das Reichen der Wasserflasche ist. In kleineren Profimannschaften, also Teams mit geringerem Budget, übernehmen die Physiotherapeuten auch hin und wieder das Athletiktraining einer Mannschaft, sofern dafür kein geschulter Assistenztrainer zur Verfügung steht.

★ 9 ★

DIE ORGANISATIONEN

9.1 FIBA

Die *FIBA* (franz. Fédération Internationale de Basketball) ist der Basketball-Weltverband. Er wurde 1932 gegründet und vereint 213 Basketballnationen. Ihr Sitz ist im schweizerischen Mies nördlich von Genf. Die FIBA organisiert internationale Wettbewebe und Events, wie z. B. die Olympischen Spiele und Weltmeisterschaften. Die FIBA hat die offiziellen Basketballregeln ins Leben gerufen, die weltweit (bis auf NBA) in den nationalen Verbänden Anwendung finden. Die Regeln werden vom Weltverband regelmäßig angepasst. Die Beschreibung des Basketballequipments und der Einrichtungen wird von der FIBA ebenfalls durchgeführt. Hinzu kommt die Ansetzung der internationalen Schiedsrichter.

Die FIBA ist die einzige Basketballorganisation in der Welt, die vom Internationalen Olympischen Komitee (IOC) anerkannt ist. Insofern legt sie auch die Regularien und Spielmodi für die internationalen und olympischen Wettbewerbe fest. Die FIBA organisiert und veranstaltet zudem Events auf Kontinentalebene: Europameisterschaften (FIBA EuroBasket), Afrikameisterschaften (FIBA AfroBasket), Amerikameisterschaften (FIBA

AmeriCup), Asienmeisterschaften (FIBA Asia Cup) und Ozeanienmeisterschaften (FIBA Oceania Championship) sowohl für Männer und Frauen als auch für junge Erwachsene im U-15- bis U-20-Alter.

Auch die Organisation von Ligen auf Kontinentalebene in Asien, Mittel- und Südamerika sowie Europa gehört dazu. Zu den Europapokalwettbewerben der Männer zählen der FIBA Europe Cup und die Champions League und bei den Frauen die FIBA Euroleague. Darüber hinaus organisiert die FIBA 3-gegen-3-Streetballturniere. Hierzu zählt einerseits die FIBA 3x3 World Tour, die aus 11 Master-Turnieren in verschiedenen Ländern besteht. Am Ende der Saison steht der Meister fest. Andererseits gehört auch im Streetball die Organisation von Welt- und Kontinentalmeisterschaften dazu: 3:3-Weltmeisterschaften (3x3 World Cup), Europameisterschaften (3x3 Europe Cup), Afrikameisterschaften (3x3 Africa Cup) und Asienmeisterschaften (3x3 Asia Cup). Dort treten jeweils die Nationalmannschaften an, also die besten Streetballer jeden Landes.

Die FIBA präsentiert die offizielle Weltrangliste für Männer, Frauen, Jungen und Mädchen. Darin sind die besten Nationen entsprechend ihrer aktuellen Stärke aufgelistet. Bei den Herren sind 164 Nationen gelistet (von #1 USA bis #164 Cook-Inseln). Die Rangliste ist auch nach Kontinenten unterteilbar, sodass man die Nationalmannschaften nicht nur im weltweiten Vergleich, sondern auch im Vergleich des jeweiligen Kontinents analysieren kann. Zum Beispiel war die deutsche Herrennationalmannschaft nach der WM 2019 auf Platz 18 in der Welt und auf Platz 13 in Europa.

Die Weltrangliste wird nach einem komplexen Punktesystem erstellt. Es zählen alle Spiele einer Nation, die über eine Spanne von acht Jahren in offiziellen FIBA-Wettbewerben gespielt wurden. Für jedes Spiel werden Punkte vergeben (Rating Points). Dabei spielt es auch eine Rolle, wie hoch eine Mannschaft gewinnt oder verliert und ob das Spiel zu Hause oder auswärts gespielt wurde. Ein Auswärtssieg wird höher gewichtet, weil er schwieriger zu erreichen ist. Außerdem spielt es eine Rolle, wie hoch der Gegner vor einem Spiel in der Weltrangliste steht: ein Sieg gegen ein höher platziertes Team bringt mehr Punkte als ein Sieg gegen ein niedriger platziertes Team.

Zur Gewichtung: Siege und Niederlagen werden gewichtet, wie lange das Spiel her ist, wo es gespielt wurde, bei welchem Wettbewerb es stattfand und in welcher Runde des Wettbewerbs (z. B. bringt ein Vorrundensieg einer WM weniger Punkte als ein Sieg im Viertelfinale). Am höchsten gewichtet werden Siege bei den Weltmeisterschaften, an zweiter Stelle bei den Olympischen Spielen.

9.2 DBB

Das, was die FIBA auf Weltebene ist, ist der *Deutsche Basketball Bund* (DBB) auf deutschem Boden. Der 1949 in Düsseldorf gegründete DBB mit Sitz in Hagen ist der Dachverband für den Basketball in Deutschland. Er vereint die Landesverbände der 16 Bundesländer mit ca. 2.100 organisierten Vereinen (Alba Berlin ist der größte Verein: 2019 mit 77 Mannschaften) und 208.000 Spielern (Stand: 2019).

Der DBB ist zuständig für alle Belange des Leistungs- und Breitensports. Er kümmert sich um die Nationalmannschaften, um deren Förderung und Planung. Er ist zuständig für Regeln, Ausrichtung von Länderspielen und anderer – auch großer internationaler – Events, für die technische Überwachung, Entwicklung etc. Der DBB nimmt mit seinen neun Nationalmannschaften am internationalen Spielbetrieb teil und ist seit Jahrzehnten Partner des europäischen Basketball-Verbandes FIBA Europe sowie des Weltverbandes FIBA.

Der DBB ist verantwortlich für die Förderung des Leistungssports und für die Beteiligung deutscher Mannschaften an internationalen Wettbewerben (wie z. B. Weltmeisterschaften), für die Ausbildung und Förderung von Trainern und Schiedsrichtern (Lehrgänge, Lizenzen) sowie für die Förderung des Jugend- und Schulsports und des Streetballs. Hinzu kommt die Bekämpfung von Doping im Basketball.

Zusammen mit den Landesverbänden und den unter dem Dach des DBB selbstständigen Bundesligen trägt der DBB die Organisation des Spielbetriebs in vielen Basketballligen aus (s. u.). Ganz besonders am Herzen liegt dem DBB die Förderung des Nachwuchses. Deutlich mehr als 50 % aller aktiven Spieler sind jünger als 18 Jahre.

Ein Beispiel für die *Jugendförderung* im Leistungssport ist die Austragung des renommierten Albert-Schweitzer-Turniers (AST). Es gilt als inoffizielle Weltmeisterschaft der Unter-18-Jährigen. Beim AST messen sich über einen Zeitraum von einer Woche die besten Talente aus der ganzen Welt in ihren Jugendnationalmannschaften. In der Vergangenheit waren das zukünftige NBA-Stars, wie zum Beispiel Magic Johnson, Dirk Nowitzki, Tim Duncan oder Vince Carter. Das AST findet alle zwei Jahre in Mannheim statt.

Geführt wird der DBB durch ein ehrenamtliches Präsidium mit einem Präsidenten an der Spitze (seit 2006 Ingo Weiss), fünf Vizepräsidenten in den Bereichen Leistungssport, Jugend-, Breiten- und Schulsport, Finanzen, Spielorganisation und Bildung. Die DBB-Geschäftsstelle ist in Hagen mit ca. 20 Mitarbeitern hauptamtlich besetzt, mit dem Generalsekretär an der Spitze.

Zu den Hauptaufgaben des DBB zählt die Veranstaltung von *Wettbewerben.* Auf Landesverbandsebene gibt es für Männer und Frauen ein Ligensystem. Die unterste Liga ist die Kreisliga, dann folgen die Bezirksliga, Landesliga, Oberliga und Regionalliga. Auf Bundesebene spielen die Männer in der zweiten Basketball-Bundesliga (unterteilt in die ProA und ProB) sowie in der ersten Basketball-Bundesliga (BBL), deren Gewinner sich „deutscher Meister" nennen darf. Die zweite Bundesliga der Frauen unterteilt sich in Nord und Süd. Die erste Liga der Frauen heißt DBBL (Damen-Basketball-Bundesliga). Zusätzlich gibt es einen Pokalwettbewerb der Männer und Frauen mit dem Titel des deutschen Pokalsiegers.

Im männlichen Jugendbereich veranstaltet der DBB die deutschen Jugendmeisterschaften der Altersklassen unter 14/15 Jahre (U14/U15), der Jugend-Basketball-Bundesliga (JBBL, U16) und Nachwuchs-Basketball-Bundesliga (NBBL, U19). Bei den weiblichen Jugendlichen ist es die deutsche Jugend-Meisterschaft der U14/U15 sowie der U17 (Weibliche Nachwuchs-Basketball-Bundesliga, WNBL). Dazu kommt der deutsche Jugend-Pokalwettbewerb (U18 Männer, U19 Frauen). Darüber hinaus organisiert der DBB im Seniorenbereich bei den Herren und Frauen deutsche Meisterschaften von den Altersklassen Ü35 bis Ü65.

9.3 NBA

Die *NBA (National Basketball Association)* ist die Basketball-Profiliga in Nordamerika. Sie wurde 1946 gegründet. Es handelt sich um die stärkste und populärste Liga der Welt, an der sich alle anderen Ligen ein Beispiel nehmen. Die NBA besteht aus 30 Teams (29 in den USA und ein Team aus Kanada mit den Toronto Raptors). Die 30 Teams werden in zwei sogenannte *Conferences* aufgeteilt, die *Eastern* und die *Western Conference*, in denen jeweils 15 Mannschaften spielen.

In der regulären Spielzeit werden 82 Saisonspiele ausgetragen. 52 Spiele finden gegen Teams aus der eigenen Conference statt und die übrigen 30 Spiele gegen die 15 Teams der anderen Conference (Hin- und Rückspiel). Für die gewonnenen Spiele gibt es keine Siegpunkte, wie es z. B. in Europa der Fall ist, sondern es zählt der prozentuale Anteil der gewonnenen Spiele.

Nach der regulären Saison qualifizieren sich die besten acht Teams beider Conferences für die NBA-Playoffs. Diese bestehen aus vier Runden und werden jeweils im K.-o.-Modus ausgetragen. Die ersten drei Runden werden innerhalb der eigenen Conference gespielt: In der ersten Playoff-Runde (Conference-Viertelfinale) spielt der Bestplatzierte gegen den Achten, der Zweite gegen den Siebten, der Dritte gegen den Sechsten und der Vierte gegen den Fünften. Die besser platzierten Teams haben Heimvorteil.

Jede Playoff-Runde ist eine Best-of-Seven-Serie, d. h., ein Team benötigt vier Siege, um in die nächste Runde zu gelangen. Nach dem Conference-Viertelfinale folgt die zweite Runde (Conference-Halbfinale) und dann die dritte (Conference-Finale). Die Sieger der Eastern und der Western Conference treffen schließlich in den NBA-Finals aufeinander. Der Gewinner ist NBA-Champion und bekommt die *Larry O'Brien Championship Trophy*.

Rekordmeister sind die Boston Celtics mit 17 Meisterschaften. Die Belastung in der NBA ist enorm. Drei Spiele pro Woche sind keine Seltenheit. Am Ende der Saison kommen mit den Playoffs oft über 100 Spiele von erfolgreichen Teams zusammen. Neben den NBA-Finals ist das in der Mitte der Saison stattfindende *NBA-All-Star-Weekend* einer der Höhepunkte: Im All-Star-Game messen sich die von den Fans gewählten beliebtesten NBA-Stars miteinander. An diesem langen Wochenende kommen Wettbewerbe wie die Rising-Star-Challenge für die Liganeulinge (Team World vs. Team USA), die Skills-Challenge (Ballhandling), der Three-Point-Contest (Drei-Punkte-Wettbewerb) und der Slam-Dunk-Contest hinzu.

Neben den Verdiensten der Mannschaft werden auch individuelle Spieler, Trainer und Geschäftsführer mit Auszeichnungen hervorgehoben. Insgesamt gibt es 20 Awards in verschiedenen Kategorien vom besten Neuling, über den fairsten Spieler bis hin zum besten sechsten Mann der Liga. Die bekannteste ist sicherlich die Auszeichnung zum *Most Valuable Player* (MVP), also zum wertvollsten Spieler der Saison. Kareem Abdul-Jabbar gewann als Center der Milwaukee Bucks und Los Angeles Lakers sechs MVP-Titel und führt darin die Statistik an. Abdul-Jabbar ist zudem Rekordschütze der NBA (38.387 Punkte zwischen 1969-1989).

Die Amerikaner im Allgemeinen und die NBA im Speziellen lieben Statistiken. Jedes spielerische Detail der Spieler wird erfasst und dokumentiert.

Webseiten wie basketball-reference.com liefern hervorragendes Datenmaterial aus der Gegenwart bis in die Anfänge der Liga zurück.

Die Spielstätten der NBA-Klubs fassen zwischen 17.500 und 22.000 Zuschauer (Sitzplätze). Der Zuschauerschnitt lag in der Saison 2018/19 bei 17.844 Fans in der regulären Saison und 19.227 in den Playoffs. Das entspricht über die Saison verteilt insgesamt über 47 Millionen Fans, die ihre Teams live in der Halle anfeuerten. Tendenz steigend. Die Auslastung bei allen 30 NBA-Teams liegt deutlich über 90 %. Zum Vergleich: In der deutschen Basketball-Bundesliga (BBL) gehen knapp über 4.200 Fans pro Spiel in die Halle.

Nicht nur, was das Zuschauerinteresse betrifft, ist die NBA Vorreiter und Vorbild für alle anderen Ligen. Auch was den Marktwert, den Umsatz und die Gehälter anbelangt, ist die NBA meilenweit vom Rest der Welt entfernt. Die NBA ist die, durchschnittlich gesehen, weltweit bestbezahlte Sportliga überhaupt und übertrumpft dabei sogar die NFL (National Football League).

Grundsätzlich unterliegt jedes US-Team dem sogenannten *Salary Cap,* welcher das gesamte Gehalt pro Team reguliert und nicht überschritten werden darf. 2019 lag der Salary Cap in der NBA bei 109,14 Millionen US-Dollar pro Team. Topverdiener in dem Jahr: Stephen Curry (40,23 Millionen US-Dollar). In Nordamerika sind die Spielergehälter öffentlich, anders als z. B. in Deutschland, wo sie der Geheimhaltung unterliegen.

Laut einer Pressemitteilung auf Forbes.com vom 7. Februar 2018 hat die durchschnittliche NBA-Franchise einen Marktwert von 1,65 Milliarden US-Dollar (#1 New York Knicks mit 3,6 Milliarden US-Dollar). Die NBA-Teams generierten dabei insgesamt 7,4 Milliarden US-Dollar an Umsatz. Zum ersten Mal überhaupt habe jedes NBA-Team einen Marktwert von mindestens einer Milliarde US-Dollar. Die NBA-Klubs profitieren auch vom 24-Milliarden-US-Dollar-TV-Deal mit den Sendern *ESPN* und *TNT.* Der Umsatz der NBA, der durch Werbeeinahmen, Merchandising, Ticketverkäufe etc. erzielt wurde, betrug pro Team durchschnittlich 52 Millionen US-Dollar. Drei Teams (New York Knicks, Los Angeles Lakers und die

Golden State Warriors) verzeichnen einen Jahresumsatz von über 100 Millionen US-Dollar.

Die NBA ist eine geschlossene Liga ohne Auf- und Absteiger. Neue, junge Spieler gelangen über die jährliche *NBA-Draft* in die Liga, bei der die Teams die Rechte an verfügbaren Nachwuchsspielern erwerben können. Eine vorhergehende Auslosung (die Draft-Lottery), mit einer Losanzahl, basierend auf dem Abschneiden des Vorjahres, entscheidet über die Reihenfolge der Teams in der NBA-Draft. Die Teams, die im Vorjahr am schlechtesten abgeschnitten haben, haben eine größere Wahrscheinlichkeit, einen hohen „Draft Pick" zu bekommen (die drei schlechtesten Teams haben eine 14-prozentige Chance auf den ersten Draft Pick). Das heißt, ein Team mit einem hohen „Lottery-Pick" kann sich vor den anderen NBA-Teams einen Wunschspieler aussuchen.

Die Spieler, die gedraftet werden, müssen mindestens 19 Jahre alt sein. Die meisten gedrafteten Spieler waren auf einem amerikanischen College. Aber auch Spieler aus Ligen außerhalb Nordamerikas können sich zur NBA-Draft anmelden, um von einem Klub verpflichtet zu werden. Abgesehen davon, können auch nicht gedraftete Spieler einen NBA-Vertrag bekommen.

Die *NBA-G-League* (2001 gegründet) ist eine von der NBA offiziell gesponserte und organisierte Basketballorganisation, deren Zweck es ist, in ihrem Spielbetrieb mit „Farmteams" Nachwuchs- und Ersatzspielern Einsatzzeit zu geben, damit diese dann vorübergehend oder dauerhaft in die Kader der Klubs der NBA wechseln können. Die G-League ist die offizielle „Minor-League" der NBA, sodass auch hier nach den Regeln der NBA gespielt wird. Sie hat zum Ziel, Spieler, Trainer, Schiedsrichter, Teambetreuer und Mitarbeiter der Geschäftsstellen auf die NBA vorzubereiten. In der Saison 2019/20 gab es 28 Teams, allesamt mit Kooperation zu einem NBA-Team.

Bis 2017 hieß die Liga noch *NBA Development League* (D-League). Seit der Saison 2017/18 ist Gatorade als Namenssponsor aufgesprungen, weshalb die Liga in *NBA Gatorade League* (G-League) umbenannt wurde.

Der Hersteller des bekannten isotonischen Getränks arbeitet mit Wissenschaftlern im „Gatorade Sports Science Institute" an der Entwicklung neuer Nahrungsergänzungsmittel für Sportler, neuen Trainingsprogrammen, Produkten und Ausrüstungsgegenständen.

Die G-League bezeichnet sich auf ihrer Homepage auch selbst als „research and development laboratory", also als Forschungs- und Entwicklungslabor. Denn die NBA nutzt die G-League als Experimentierfeld. In der G-League wurden in der Vergangenheit immer mal wieder neue Regeln getestet. Zum Beispiel nutzt die NBA zur Saison 2019/2020 die G-League, um eine neue Freiwurfregel auszuprobieren. Sollte diese sich in der Liga bewähren, ist auch eine Übernahme in die NBA vorstellbar.

Die neue Regel lautet: Nach Fouls gibt es nur noch einen Freiwurf, dieser kann einen, zwei oder drei Punkte einbringen. Wird ein Spieler bei einem erfolglosen Dreierversuch gefoult, bringt der fällige Freiwurf drei Punkte. Geht ein Wurf innerhalb der Dreierlinie vorbei und es wird von den Schiedsrichtern auf Foul entschieden, gibt es an der Linie zwei Punkte. Geht ein Wurf innerhalb der Dreierlinie in den Korb und es erfolgt dabei ein Foul, bringt der Freiwurf nur einen Punkt. Die Regel gilt nicht in den letzten beiden Minuten der regulären Spielzeit und auch nicht in der Verlängerung. Die innovative Freiwurfregel soll die Spielzeit verkürzen.

Die Dauer der NBA-Spiele ist seit einiger Zeit ein Kritikpunkt. Besonders durch Videobeweise, Auszeiten, Fouls und die daraus resultierenden Freiwürfe ziehen sich die Partien gerade in der Schlussphase häufig sehr in die Länge. Ein durchschnittliches NBA-Spiel dauert 2:15 Stunden, ein NBA-Finalspiel nicht selten über 2,5 Stunden. Abgesehen von der Spieldauer insgesamt, soll auch der Spielfluss durch die neue Regel weniger unterbrochen werden.

9.4 EUROLEAGUE

Die *EuroLeague* ist nach der NBA die stärkste Liga der Welt. Sie wird seit 2000 unter dem Dach der Euroleague Basketball (EB) mit Sitz in Barcelona organisiert. In der EuroLeague spielen die besten 18 Teams Europas gegeneinander. In der regulären Saison von Oktober bis April spielt jeder gegen jeden mit einem Hin- und Rückspiel (insgesamt 34 Spiele). Die Anzahl und Herkunft der teilnehmenden Teams hat in der Vergangenheit varriiert, die Liga wächst. Ab 2020 ist die EuroLeague wie die NBA eine geschlossene Liga ohne Auf- und Absteiger. Davor qualifizierten sich die Meister der besten europäischen Ligen für die EuroLeague. Ergänzt wurden diese mit anderen großen Teams der wichtigsten europäischen Ligen.

Die EuroLeague setzt sich aus Teams der folgenden europäischen Nationen zusammen (exemplarisch aus der Saison 2019/20): vier spanische, drei russische, zwei deutsche (Alba Berlin und Bayern München), zwei türkische, zwei griechische sowie ein serbisches, italienisches, litauisches , französisches und israelisches Team.

Am Ende der regulären Spielzeit qualifizieren sich die besten acht Mannschaften für die Playoffs, die im April und Mai gespielt werden. Die Playoffs bestehen aus vier Serien: Erster gegen Achter, Zweiter gegen Siebter, Dritter gegen Sechster und Vierter gegen Fünfter. Gespielt wird im Best-of-Five-Modus. Eine Mannschaft benötigt drei Siege, um sich für das EuroLeague-Final-Four zu qualifieren. Dieses findet im Mai jeden Jahres in wechselnden europäischen Städten statt. Das Final Four wird an drei Eventtagen über ein verlängertes Wochenende ausgetragen. Am Freitag finden die beiden Halbfinalspiele statt und am Sonntag das Finale. Der Gewinner ist EuroLeague-Champion. Mit 10 Titeln ist Real Madrid der bislang erfolgreichste Klub Europas.

Die EB behauptet von sich selbst, ein globaler Führer in der Sport- und Unterhaltungsbranche zu sein. Von allen Ligen ist die EuroLeague der NBA am nächsten. Neben dem europaweit höchsten sportlichen Niveau bietet sie im Rahmen der Spiele jede Menge Show und Entertainment.

Alle Spiele werden über die Internet-Plattform *EuroLeague TV* auf fünf Kontinente übertragen. Durchschnittlich 8.780 Zuschauer (2017/18) sind zudem in den Arenen Europas bei Livespielen dabei – die höchste Zuschauerzahl hinter der NBA.

Mit ihrer Herangehensweise im Marketing hat die EB erkannt, dass Profisport in erster Linie für die Zuschauer gespielt wird. Die Fans genießen einen hohen Stellenwert bei den Organisatoren der EuroLeague: „Fans definieren uns", bekennt sich die EB zu ihren Anhängern auf der offiziellen Homepage euroleague.net. „Sie sind das Meister-Gen in unserer DNA. Wir versuchen, die Basketballleidenschaft einzufangen, indem wir den Fans den besten europäischen Basketball bieten und die beste Fanerfahrung im Sport ermöglichen. Wir platzieren unsere Fans ins Zentrum jeder Entscheidung."

Im Rahmen des jährlichen EuroLeague-Final-Fours bietet die EB ihren Fans eine große „FanZone" auf dem bekanntesten Platz der Stadt. Basketballanhänger können sich dort an zahlreichen Spielen, Shows, Wettbewerben und Stars zum Anfassen mit Meet & Greet und Autogrammstunden erfreuen. Während der Saison können Fans zudem an der „EuroLeague Dance Challenge" teilnehmen.

Auf Instagram® können sie in mehreren Runden für ihre Lieblingscheerleader-Truppe abstimmen. Die Tanzgruppe mit den meisten Stimmen darf beim Final Four auftreten. Eine weitere Fanbase hat die „Euroleague Fantasy Challenge", das virtuelle Spiel, bei dem jeder Fan sein eigenes Team zusammenstellen sowie Spieler kaufen und verkaufen kann.

Mit der NBA als Vorbild präsentiert die EB nicht nur Basketball auf höchstem Niveau, sondern ist in Bereichen des Marketings anderen Ligen voraus. 2015 unterzeichnete die EB ein 10-Jahres-Joint-Venture mit dem Sportmanagementunternehmen IMG zur Unterstützung von Werbemaßnahmen sowie globalen Medien- und Marketingrechten.

Die Kooperation mit IMG gilt als Meilenstein im europäischen Basketball. Über 10 Jahre spült die IMG 630 Millionen Euro in die Kassen der

EuroLeague. 36 Millionen Euro teilen sich die Teams pro Saison untereinander auf (zwei Millionen pro Team/Saison). Das restliche Geld wird für die Verbesserung der Präsentation des Basketballprodukts ausgegeben, für die TV-Berichterstattung und die Marketinginfrastruktur der Klubs. Bis 2025 wird durch dieses Joint Venture ein Umsatz von 900 Millionen Euro erwartet.

Neben der EuroLeague veranstaltet die EB als zweite Liga den *EuroCup*. Dieser beinhaltet ebenfalls hochkarätige Teams, die aber entweder finanzschwächer oder weniger erfolgreich als die großen Namen der EuroLeague sind. Der EuroCup besteht aus vier Gruppen à sechs Mannschaften, in denen sich die jeweils besten vier Teams für die Top-16-Runde qualifizieren. Diese wird wiederum in vier Gruppen à vier Teams eingeteilt, von denen sich die besten zwei für das Viertelfinale qualifizieren. Darin spielt der Gruppenerste gegen den Gruppenzweiten der anderen Gruppe eine Best-of-Three-Serie (maximal drei Spiele), d. h., zwei Siege sind nötig, um das Halbfinale zu erreichen. Auch das EuroCup-Finale wird im gleichen Modus ausgetragen.

Neben den Profiwettbewerben organisiert die EB das *Next Generation Tournament* für die Altersklasse U18. Hier können sich die größten Nachwuchstalente Europas auf großer Bühne präsentieren. 32 Teams nehmen daran teil, von deutscher Seite z. B. die Nachwuchsmannschaften aus Berlin, München, Frankfurt und Ulm. An verschiedenen europäischen Standorten treffen die Teams an verlängerten Wochenenden fünfmal in Turnierform aufeinander mit dem Höhepunkt des EuroLeague-Final-Four-Standorts.

In Ergänzung zu diesem Nachwuchsturnier veranstaltet die EB ein Lehrprogramm am *EuroLeague Basketball Institute*, wo junge Erwachsene einen MBA-Studiengang in Sports Business neben ihrer angehenden Profikarriere absolvieren können.

Zusätzlich zu den bekannten Wettbewerben organisiert die EB das Community-Projekt *One Team* und nimmt damit ihre soziale Verantwortung wahr (nach dem Vorbild von „NBA Cares"). In Kooperation mit „Special

Olympics" wird durch öffentlichkeitswirksame Zusammentreffen von EuroLeague-Spielern und sozial Benachteiligten und Behinderten auf die Integration aufmerksam gemacht.

9.5 BBL

Die *Basketball-Bundesliga (BBL)* wurde 1964 gegründet und trug ihre erste Spielzeit 1966/67 mit 20 Mannschaften aus. In der Saison 2019/20 besteht die höchste deutsche Spielklasse aus 17 Teams. Nach einer 32 Spieltage umfassenden Hauptrunde (Hin- und Rückspiel jeder gegen jeden) ermitteln die besten acht Mannschaften in drei Playoff-Runden (Viertelfinale, Halbfinale und Finale) den deutschen Meister. Alle Runden werden nach dem Modus „Best of Five" ausgetragen. Die Mannschaft, die nach Abschluss der Hauptrunde den letzten Platz einnimmt, steigt in die zweite Bundesliga (ProA) ab.

Die fünf erfolgreichsten Mannschaften in der BBL-Geschichte sind Leverkusen (14 Meisterschaften), Bamberg (9), Berlin (8), Gießen (4) und Köln (4). Ein Verein darf für gewonnene Meisterschaften (nicht jedoch für Pokalsiege) Meistersterne auf der Vorderseite des Trikots tragen (1-3 Meisterschaften: ein Stern; 4-6 Meisterschaften: zwei Sterne; 7-9 Meisterschaften: drei Sterne; 10-12 Meisterschaften: vier Sterne; ab 13 Meisterschaften: fünf Sterne). Parallel zur Meisterschaftsrunde findet der BBL-Pokalwettbewerb statt.

Beim All-Star-Day handelt es sich um eine Unterhaltungsveranstaltung mit diversen Programmpunkten. Neben dem All-Star-Game mit den besten Spielern der Liga werden an diesem Tag der Dunking- und Dreierwettbewerb ausgetragen sowie ein Spiel der größten Talente aus der Nachwuchs Basketball Bundesliga (NBBL).

In der BBL gibt es bis zum Ende der Saison 2019/20 eine sogenannte *Positiv-Quote* deutscher Spieler sowie eine *Home-Grown-Player-Regelung*.

Die *Positiv-Quote* bedeutet, dass ein Minimum von vier von mindestens 10 Spielern, die auf dem Spielberichtsbogen stehen, über einen deutschen Pass verfügen müssen; bei 11 Spielern sind es deren fünf. Bei der Maximalzahl von 12 Spielern steigt die Zahl der deutschen Akteure auf sechs an. Die Positiv-Quote deutscher Spieler wird auch als 6+6-Regel bezeichnet. Mit dieser Maßnahme sollen deutsche Talente durch ausreichend Spielzeit gefördert sowie die Nationalmannschaft gestärkt werden. Außerdem schaffen deutsche Spieler mehr Identifikation für die Fans.

Darüber hinaus kommt die *Home-Grown-Player-Regelung* in der BBL zur Anwendung. Sie besagt, dass ausländische Akteure deutschen Spielern gleichgestellt sind, wenn sie mindestens drei Jahre im Jugendbereich (JBBL und/oder NBBL) für den Erstligisten bzw. dessen Kooperationspartner vor Beantragung einer Teilnahmeberechtigung in der BBL gespielt haben.

Die Spiele in der BBL werden nach den offiziellen FIBA-Regeln ausgetragen und Regeländerungen in das Regelwerk mit aufgenommen. So wurde beispielsweise 1984/85 auch die Drei-Punkte-Linie eingeführt. Zur Saison 2014/15 führte man den Videobeweis ein, das Instant Replay System (IRS), mit dessen Hilfe Schiedsrichter strittige Szenen auf Bildschirmen direkt überprüfen können. Ein Spiel in der BBL wird von drei Schiedsrichtern und einem Kommissar geleitet. Für die Leitung eines Bundesligaspiels benötigt ein Schiedsrichter eine Schiedsrichterlizenz der Stufe A und muss in den A-Kader berufen worden sein.

Bis zur Saison 1997/98 wurde die Bundesliga direkt vom Deutschen Basketball Bund (DBB) ausgerichtet, bevor die 1996 gegründete *Basketball Bundesliga GmbH* die Ausrichtung übernahm. Dabei halten die Vereine 74 % und der DBB 26 % an der Gesellschaft. 2011 entwickelten Liga und Vereine zusammen ein Leitbild, in dem die Ziele für die weitere Entwicklung der Liga festgelegt wurden. Demnach soll die Liga professioneller und attraktiver werden und bis zum Jahr 2020 die beste nationale Liga Europas sein.

Um den deutschen Nachwuchs zu fördern, wurde in der Saison 2006/2007 die *Nachwuchs Basketball Bundesliga (NBBL)* eingeführt. Hierbei handelt es sich um ein Gemeinschaftsprojekt von BBL, Deutscher Basketball Bund und AG 2. Basketball-Bundesliga Herren. Die NBBL ist deutschlandweit in vier Divisionen unterteilt. Nach Abschluss der Hauptrunde (Hin- und Rückspiel) schließen sich für die Topteams, in der Regel sind dies 16, die Playoffs an. Die besten Vier nach Beendigung der zwei K.-o.-Runden spielen dann im Rahmen eines Top-4 den Meister aus. Die Mannschaften, die sich nicht für die Playoffs qualifiziert haben, spielen in den Play-downs den oder die Absteiger aus. Die Nachwuchsmannschaften der Erstligisten sind verpflichtet, an dieser Nachwuchsrunde teilzunehmen – gegebenenfalls mittels einer Wildcard.

★ 10 ★

DIE ZUKUNFT

10.1 ANFORDERUNGEN

Die *Anforderungen* an die Spieler hinsichtlich der Entwicklung des Basketballsports, die klaren Gesetzmäßigkeiten folgt, werden weiter wachsen. Wir werden in Zukunft viele große athletische Swingman sehen, die Dreier treffen, gutes Ballhandling haben und mehr wie ein Guard spielen. Die Fertigkeiten mit dem Ball werden immer wichtiger – das Passen, Dribbeln und Werfen aller auf dem Feld stehenden Spieler – die Perfektion der Grundlagen.

In Zukunft werden Größe und Kraft bzw. Athletik nicht allein die definierenden Charakteristiken von Spielern sein, die ein Spiel entscheiden. Genauso wie Körpergröße werden auch Kraft, Schnelligkeit und Gewandtheit typische Merkmale aller Spieler sein. Jeder Spieler wird in Zukunft eine relativ ähnlich gute Athletik haben (müssen). Eine sehr gute Athletik wird die Norm. Was perspektivisch die Gewinner von den Verlierern unterscheidet, werden großartige Athleten mit großartigen Basketballskills sein.

Während es früher im Basketball Spezialisten gab, die (nur) ein, zwei Sachen richtig gut konnten und den Rest weniger gut, geht der Trend hin zum Allrounder: Man möchte da hinkommen, dass 2,11-m-Riesen das Gleiche können, was früher die Jungs nur mit 1,80 m konnten. Am stärksten zeichnet sich dieser Trend beim Wurf ab: Wenn du nicht gut werfen kannst, wird es schwer. Denn du bist eine Schwachstelle für das Team. Im zweiten Schritt sollen die Großen nicht nur werfen, sondern auch dribbeln, zum Korb ziehen und aus dem Dribbling heraus passen können. Es wäre der Idealzustand, wenn alle fünf auf dem Feld die gleichen Skills mit dem Ball hätten. Der Trend geht in diese Richtung.

Abgesehen vom Ballhandling, werden auch die koordinativen Anforderungen, besonders an die großen Spieler, steigen. Schon im Kindesalter muss deshalb mit einer umfangreichen koordinativen Schulung begonnen werden. Dabei ist eine zu frühe Spezialisierung auf Basketball keine gute Idee. Zum einen entwickeln sich so muskuläre Dysbalancen und früher Verschleiß durch die einseitigen Belastungen. Zum anderen wäre es sinnvoll, verschiedene Sportarten im Kindesalter auszuprobieren, wie Tanzen, Turnen, Leichtathletik, Fußball oder auch Artistik, damit die Beinarbeit und die Auge-Hand-Koordination etc. umfassend geschult werden.

10.2 SPIELSTIL

Die Teams werden in Zukunft mehr Wert auf die Grundlagen anstatt auf „Design" legen. Der *Spielstil* wird sich ändern. Während in der Vergangenheit und Gegenwart Spielsysteme wichtig waren bzw. sind, um dem Spiel Struktur zu geben, werden in Zukunft die Spieler mehr Eigenverantwortung übernehmen. Das Spiel wird weniger durch die Vorgaben der Trainer kontrolliert, sondern vielmehr auf dem Grundverständnis der Spieler basieren. Das Spielverständnis, also intuitiv im richtigen Moment die richtigen Entscheidungen zu treffen, wird immer wichtiger. Das Spiel lesen. Offensive und defensive Automatismen. Dadurch wird das Spiel freier und unberechenbarer, der Spielfluss verbessert sich.

Statt 1:1-Aktionen werden im Angriff alle Spieler involviert sein und zusammenwirken. Trainer werden in Zukunft ihren Spielern noch besser die grundlegenden Techniken beibringen und weniger Wert auf Taktik legen – insbesondere im Jugendbereich.

Das aktuell vorherrschende Spielsystem auf der ganzen Welt ist das *Pick & Roll*. Aus der 4-außen-1-innen-Grundaufstellung will man in die Zone eindringen und zum freien Dreierschützen passen, wenn der Weg zum Korb durch einen zu Hilfe kommenden Verteidiger versperrt wird (im Fachjargon: „Penetrate & Kick" oder „Penetrate & Pitch").

Der Mitteldistanzwurf stirbt aus! Michael Jordan, der ein herausragender Schütze aus der Mitteldistanz (Zweierbereich) war, wäre heute mit seiner Spielweise unmodern. In der NBA werden heutzutage entweder einfache Punkte am Ring (Korbleger, Dunk) oder per Freiwurf erzielt oder es wird der Abschluss an der Dreierlinie gesucht. Schließlich bringt der Dreier einen Punkt mehr als ein Wurf aus der Mitteldistanz.

Vorreiter dieser Bewegung waren die Houston Rockets. Aus dem Schnellangriff heraus warfen sie Dreier ohne Ende oder zogen zum Korb. Mittlerweile haben die meisten anderen NBA-Klubs diese Spielweise kopiert und verstanden: Der Dreier ist eine gute, ein Wurf aus der Mitteldistanz eine schlechte Option. Die Evolution geht auch in Europa in diese Richtung, obwohl aufgrund anderer Defensivregeln der FIBA (Zonenverteidigung erlaubt) das Modell „Dreier & Korbleger" vielleicht nicht ganz so extrem ausfallen wird.

Das Problem bei dieser Drei-Punkte-Bewegung ist, dass in der NBA auch viele schlechte Dreier zu sehen sind, das heißt, keine freien oder zu hektische Würfe. Mannschaften wie die San Antonio Spurs, die eher weniger Dreier versuchen, die wenigen aber sehr gut treffen und die Würfe durch Pässe besser herausspielen, haben eine höhere Erfolgsquote. Deshalb wird der nächste Entwicklungsschritt der Spieler sein, gute von schlechten Dreiern unterscheiden zu lernen. Statt bedingungslos den Dreier nehmen zu wollen, werden die Spieler lernen, z. B. häufiger mit Wurftäuschungen zu arbeiten oder die Option wählen (auch als langer Spielern), von der Dreierlinie zum Korb zu dribbeln und den Ball eventuell wieder herauszupassen.

Spielverständnis, Spielübersicht und Basketball-IQ sind Kompetenzen, die immer wichtiger werden. Diese müssen bei den einzelnen Spielern noch besser werden, um die richtigen Entscheidungen zu treffen. Idealerweise denken alle fünf Spieler wie der Point Guard, können das Spiel lesen und haben für jede defensive Reaktion einen Konter parat. Das ist noch utopisch, aber vielleicht irgendwann Realität. Teams, die mit einer hohen Spielintelligenz und Spielfreude agieren und die Mannschaftstaktik mit der einen oder anderen Täuschung mit Leben füllen, Überraschungsmoment und Unberechenbarkeit in sich tragen, um die Verteidigung aus dem Gleichgewicht zu bringen, sind immer einen halben Schritt voraus.

Das intuitive Know-how eines Spielers, in welche Räume er sich auf dem Feld bewegt, wann er sich dorthin bewegt und wo er stehen muss – also die angesprochenen offensiven und defensiven Automatismen –, werden in Zukunft noch größere Bedeutung haben. Deshalb werden die Coaches nicht nur Dreier schulen, sondern vermehrt auch Fundamentals und Spielverständnis. Beides ist genauso wichtig.

In der Verteidigung gibt es schon verschiedene Ideen, wie man mit dem Pick & Roll umgeht. Ein Pick & Roll kreiert oft sogenannte *Mismatches*, dass also ein Großer gegen einen Kleinen oder umgekehrt verteidigen muss. Während man früher diesen vermeintlichen Nachteil in Kauf genommen hat, sieht man heutzutage, dass abseits des Balls (auf der ballentfernten Seite) geswitcht wird. Das heißt, die Verteidiger wechseln zu einem anderen Spieler. Das hätte man früher nie gemacht. Die Verteidigung des Pick & Rolls birgt viel Potenzial in sich. Es werden in Zukunft neue Methoden zutage treten. Die Verteidigung des Drei-Punkte-Wurfs mit der Close-out-Bewegung wird ebenso immer wichtiger werden. Spieler, die das Close-out nicht in Perfektion beherrschen oder zu faul für den Sprint an die Dreierlinie sind, bilden eine Schwachstelle für jedes Team.

Der letzte Schritt in einer 15-jährigen Entwicklung ist bereits getan: vom brutalen Low-Post-Gerangel hin zu einem schnelleren, eleganteren Style, der ästhetisch befriedigender und zugänglicher für die aktuellen und zukünftigen Fans ist. Basketball hat sich vom „Enforcer-" (dt: „Erzwinger") zu einem Finessespiel entwickelt. Das Spiel ist attraktiver und ein besseres Produkt, wenn es nicht mehr so physisch gespielt wird. Die visuelle Ästhetik des Spiels gewinnt an Bedeutung. Immer mehr Würfe werden aus noch größerer Entfernung geworfen und getroffen. Vorbilder dieses Trends sind Stephen Curry, James Harden oder Trae Young.

10.3 REGELN

Da Würfe aus immer größerer Entfernung stattfinden, wird die Einführung einer *Vier-Punkte-Linie* in 9 m Entfernung (30-Fuß-Linie) vielleicht irgendwann Realität. Getestet wurde diese bereits in Showspielen der Harlem Globetrotters oder beim „NBA All-Star Celebrity Game". Die Auswirkungen einer Vier-Punkte-Linie: In „sterbenden" Momenten des Spiels könnte das Verliererteam immer eine Chance bekommen, das Spiel doch noch zu drehen. Mit wenigen Würfen könnte es die Führung zurückerobern. Damit bliebe das Spiel bis zum Schluss offen.

Viele Spieler kopieren mittlerweile die Würfe von Stephen Curry von weit hinter der Dreierlinie. Die Möglichkeiten, die durch eine Vier-Punkte-Linie entstünden, wären verlockend. Für die großen Spieler ist der Drei-Punkte-Wurf schon lange keine anormale Fertigkeit mehr, sondern eine Voraussetzung. Die Vier-Punkte-Linie schüfe eine neue Herausforderung. Alternativ wäre denkbar, die Drei-Punkte-Linie weiter nach hinten zu verschieben (statt einer Vier-Punkte-Linie), sodass es weniger Dreier im Spiel gibt und wieder mehr Aktionen in der Mitte stattfinden.

Ob die Einführung einer neuen Foulregel (siehe Kap. 9.3) sinnvoll ist, bei der es nur noch einen Freiwurf (statt zwei oder drei Freiwürfe) gibt, um die Gesamtspieldauer zu verkürzen, wird sich am Ende der Saison 2019/20 zeigen, nachdem diese Regel in der G-League getestet wurde. Aller Voraussicht nach wird es vorerst keine großen Regelanpassungen geben – auch nicht, um die Defensive zu stärken. Denn es geht vor allem darum, viele Punkte zu ermöglichen und das Spiel für die Fans so attraktiv wie möglich zu halten. Eine Revolution der Basketballregeln ist in Zukunft nicht zu erwarten.

10.4 LIGA

NBA

Basketball setzt seine globale Ausweitung fort. Internationale Entwicklungsprogramme dienen als Erfolgsfaktor für die *NBA*. Nach dem Vorbild vom Fußball und Baseball wird es verstärkt Basketballakademien in der ganzen Welt geben – mit dem Ziel, die besten Spieler außerhalb der USA zu finden und ihnen einen Pfad in die NBA zu geben. Durch die Erschließung neuer Märkte in China, Indien und Afrika mit der Hilfe von Elitetrainern aus der NBA, in Verbindung mit modernem Scouting auf der gesamten Welt, wird das Produkt Basketball global vermarktet. Die NBA braucht und will immer mehr gute Basketballer. In neuen Märkten wie den oben Genannten sieht sie viel Talent und Potenzial.

Der europäische Markt ist von der NBA bereits gut erschlossen und gesättigt – sowohl, was die Vermarktung als auch die Talententwicklung und -rekrutierung betrifft. Im Rahmen der „NBA Global Games" finden jedes Jahr Spiele von NBA-Teams in Europa statt. NBA-Scouts sind zudem von der Bundesliga bis zum Balkan dauerhaft präsent.

NBA-intern kann es in Zukunft zu einer Veränderung bzw. Ausweitung der Standorte kommen. Sowohl Las Vegas und Mexiko-Stadt als auch erneut Seattle und Vancouver stehen auf der Liste zukünftiger NBA-Standorte.

Des Weiteren hat die NBA einige Reformen auf der Agenda: einen Pokalwettbewerb, ein neues Playoff-Setzsystem und weniger Spiele. Seit dem All-Star-Game 2020 ist zudem das „Elam Ending" auf großen Zuspruch gestoßen – ein alternatives Spielende, um Freiwurforgien am Ende des Spiels zu umgehen. Dabei würden die ersten drei Viertel einer Partie normal gespielt werden. Dann im Schlussviertel würde bei der ersten Unterbrechung nach der Vier-Minuten-Marke die Spieluhr ausgeschaltet. Auf die Punktzahl des führenden Teams würde eine vorher festgelegte Zahl addiert (z. B. 7 Punkte). Diese Zahl wäre der „Winning Score". Würde es also 100:98 stehen, würde die Mannschaft gewinnen, die als erste 107 Punkte erzielt hätte. So einfach wie revolutionär.

EuroLeague

Über die NBA hinaus ist es interessant, die Entwicklung in Europa zu beobachten. Die *EuroLeague* entwickelt sich zu einer europäischen NBA! Schon ab der Saison 2020/21 wird die EuroLeague (wie die NBA) eine geschlossene Liga sein. Das heißt, es können zukünftig keine Teams, wie bisher der Meister der nationalen Liga, in die EuroLeague aufsteigen bzw. sich dafür qualifizieren. Für die Vereine wird der Ligabetrieb im eigenen Land immer uninteressanter. Die Teams, mit denen sie sich messen wollen, spielen in der EuroLeague, der Rest spielt keine Rolle mehr.

Beispiel griechische Liga: Mit Panathinaikos Athen und Olympiacos Piräus gibt es lediglich zwei Teams, die den Meisterschaftstitel in den letzten 30 Jahren fast ausschließlich unter sich ausgemacht haben. Es wird zukünftig Teams, wie z. B. Olympiacos Piräus, geben, die sich dafür entscheiden, nur noch in der EuroLeague, statt in der nationalen Liga, anzutreten.

Diese Frage ist berechtigt: „Warum soll sich ein Klub mit kleinen, minderwertigen Klubs in der nationalen Liga herumschlagen, auspowern und ein Verletzungsrisiko eingehen, wenn er sich in der EuroLeague jede Woche in einem hochwertigen Spiel mit den großen Teams messen kann?" Es ist kein unrealistisches Szenario, dass ein, zwei Teams jeder Liga aus dem nationalen Betrieb aussteigen werden, um sich komplett der EuroLeague zu widmen.

Die EuroLeague wird nicht nur den nationalen Ligen „gefährlich", sondern auch den Nationalmannschaften. Schon jetzt kommt es zu Terminkonflikten zwischen EuroLeague-Spielen und Länderspielen mitten in der Saison. Die Teams werden vor die unbeliebte Entscheidung gestellt, ob sie während der Saison ihre Leistungsträger in den Nationalmannschaften spielen lassen oder im vermeintlich wichtigen EuroLeague-Spiel einsetzen, was zur gleichen Zeit stattfindet. Der schon seit vielen Jahren ausgetragene Zwist zwischen der EuroLeague und dem Weltverband FIBA, der für die Austragung der Länderspiele zuständig ist, muss besiegelt werden. Nur mit einer einvernehmlichen Kooperation beider Organisationen wird die Zukunft des europäischen Basketballs in die richtigen Bahnen gelenkt.

Der Traum einer Weltliga, in der NBA-Teams in einem Ligabetrieb gegen europäische Mannschaften antreten, wird in naher Zukunft keine Realität. Zu groß sind die Reisestrapazen für die Spieler. Viele Fans aus Amerika kennen zudem die europäischen Klubs nicht, bis auf vielleicht Real Madrid oder den FC Barcelona. Für die NBA und deren Anhänger bietet eine Weltliga kaum einen Mehrwert. Sie wäre schlecht fürs Business, brächte den Sponsoren wenig und hätte monetär keinen Sinn. Was bringt es dem Zuschauer in Übersee, wenn die Oklahoma City Thunder in Madrid spielen und die Spiele superfrüh am Morgen laufen?

BBL

In der *Basketball-Bundesliga* hat Alba Berlin vor der Saison 2019/2020 mit einer interessanten Entscheidung auf sich aufmerksam gemacht. Nach 25 Jahren treten künftig keine Cheerleader mehr auf. Der Verein ist zu der Überzeugung gekommen, dass das Auftreten junger Frauen als attraktive Pausenfüller bei Sportevents nicht mehr in unsere Zeit passt. Diese Feststellung ist durchaus zu begrüßen, schließlich geht es bei den Spielen um Sport und nicht um Belustigung von Männern auf den Rängen. Alba Berlin will zukünftig noch stärker fördern, dass Frauen im Basketball als Spielerinnen sichtbar und zu Vorbildern werden. Der Klub hat die mit Abstand größte Mädchen- und Frauenbasketballabteilung Deutschlands.

Zuvor hatte es immer wieder Diskussionen um Sexismus und die Funktion von Frauen bei Sportveranstaltungen gegeben. Gerade die Rolle von Cheerleadern, „Podium Girls" bei der Tour de France oder sogenannten *Grid Girls* in der Formel 1 ist seit Langem umstritten. In US-Sportarten wie American Football oder Basketball haben ihre Auftritte lange Tradition. Cheerleader gelten in den USA nicht selten als Instanz bei ihren Klubs. Auch bei Radrennen gibt es trotz Protestaktionen weiterhin jene Frauen, die dem Sieger auf dem Treppchen Küsschen geben. In der Königsklasse des Motorsports entschieden sich die Veranstalter 2018, keine „Grid Girls" mehr auftreten zu lassen. Und offenbar setzt das Beispiel Alba Berlin nun ein Umdenken im deutschen Basketball in Gang. Es wird Vereine geben, die dem Vorbild von Alba in Zukunft folgen.

10.5 EQUIPMENT

Das Basketballequipment (Bälle, Böden, Korbanlagen, Trikots etc.) hat mittlerweile eine so hohe Qualität erreicht, dass kaum noch Veränderungen notwendig sind. Lediglich kleine Optimierungen oder Spielereien sind denkbar, aber am Ende des Tages wird die Ausrüstung die Gleiche bleiben. Die Körbe werden im professionellen Basketballbetrieb nicht höher gehängt oder kleiner werden. Lediglich für Kinder (Minibasketball unter 12 Jahren) ist eine flächendeckende Anpassung der Korbhöhe denkbar, um diese an die Sportart besser heranzuführen. Henning Harnisch hat dafür die Kampagne mit höhenverstellbaren Körben ins Leben gerufen. Ebenso sind die Basketbälle im Jugendbereich kleiner, um das Dribbeln, Werfen und Passen mit kleineren Händen zu erleichtern.

An den *Basketballschuhen* (Sneakers) kann man am besten den Zeitgeist ablesen. Die Sneakers unterliegen genauso modischen Trends wie die Formen und Farben von Alltagskleidungsstücken. Design und Kreativität sind begrenzt. Basketballschuh bleibt am Ende Basketballschuh. Er muss leicht sein, das Fußgelenk stützen und eine leicht profilierte, abriebfeste Sohle haben. Kleine Änderungen und neue Features, wie z. B. selbstschnürende Schuhe, haben keinen großen Einfluss auf das Gesamtprodukt.

Dennoch gab es beim Basketballschuh seit dessen Erfindung im Jahre 1900 die größten Optimierungen im Vergleich zu anderen Ausrüstungsgegenständen. Die großen Sportmarken kämpfen mit ihren Sneakers um das Rampenlicht im Basketball. Eigene Kollektionen von NBA-Stars wie Kevin Durant, James Harden oder LeBron James werden immer häufiger und beliebter und versprechen Innovationen für die Leistung und den Komfort.

Der klassische Basketballschuh ist ein High-Cut-Modell. Diese Form der Schuhe besitzt einen hohen Schaft, der über dem Knöchel abschließt. Für viele Jahre war diese Form der Schuhe die weitverbreiteteste. Denkt man zum Beispiel an die klassischen Chucks von Converse (benannt nach dem Basketballspieler Chuck Taylor), hat das Bild von hohen Basketballschuhen schon ewig Bestand. Auch andere Marken wie Nike und Fila prägten in der Vergangenheit das Bild der hohen Basketballschuhe. Häufig wurde damals schon mit einem Extraschutz der Knöchel geworben.

Eine erste Revolution gab es im Jahre 2008 mit Kobe Bryant, der sich für die Nutzung von Low-Cut-Basketballschuhen einsetzte. Diese haben, wie der Name sagt, einen flachen Schaft und enden unterhalb des Knöchels. Die durch Bryant ins Rollen gebrachte Bewegung setzte sich erfolgreich fort und so sehen wir auch immer mehr Low-Cut-Modelle im Einsatz. Diese sollen unter anderem durch Leichtigkeit und Komfort überzeugen.

Eine dritte Form der Basketballschuhe stellt die Mid-Cut-Variante dar – eine Kombination der beiden anderen Modelle, die die positiven Eigenschaften verbinden soll. Trotz der großen Auswahl an Schuhen gibt es einen Haken. Sie alle schützen nicht vor Sprunggelenkverletzungen.

Um moderne Basketballschuhe an die wachsenden Anforderungen des Sports anzupassen und Sprunggelenkverletzungen zu verhindern, bedarf es eines innovativen Ansatzes, wie z. B. der „Betterguards-Technologie", die von einem Berliner Medizintechnik-Start-up entwickelt wurde. Diese soll die Spieler in Zukunft besser vor Verletzungen schützen, ohne die Bewegungsfreiheit einzuschränken.

Das „Betterguards-System" ist ein Bauteil zur Optimierung von Bandagen und Schuhen. Es versteift bei schnellen Bewegungen innerhalb weniger Millisekunden. Aufgrund der sofort einsetzenden stabilisierenden Schutzfunktion soll ein kritisches Überstrecken des Gelenks und eine daraus resultierende Gelenkverletzung verhindert werden. Anschließend ist das System wieder frei beweglich und sofort weiter einsetzbar. Bei normalen Bewegungen soll eine hohe Bewegungsfreiheit gegeben sein. Durch das flexible System könnten so wiederholt riskante Situationen für die Außenbänder vermieden werden.

Das System soll schneller als die umliegenden Muskeln, um das Gelenk reagieren. Das Wirkungsprinzip der „Betterguards-Technologie" basiert auf sogenannten *dilatanten Fluiden*. Diese Flüssigkeiten verändern bei unterschiedlich schnellen Bewegungen (Schergeschwindigkeit) ihre Zähigkeit. Die Technologie soll direkt in den Schuh integriert bzw. bei der Herstellung eingearbeitet werden, ohne das Design zu schmälern. Aussagekräftige wissenschaftliche Studien zu dieser neuen Technologie gibt es allerdings noch nicht.

10.6 TECHNOLOGISCHE ENTWICKLUNG

Tragbare GPS-Hightechgeräte sind die nächste Schallmauer im Basketball. Die Geräte sammeln alle möglichen Daten der Spieler und helfen, überlastete Spieler vor Verletzungen zu schützen. Viele Verletzungen sind ohne Einfluss des Gegners auf Erschöpfung zurückzuführen. Die tragbaren GPS-Geräte wiegen weniger als 30 Gramm und werden unter den Kompressionsshirts der Spieler angebracht.

Die Daten, die diese Minicomputer liefern, sind beeindruckend: Zentimetergenau wird die Position der Spieler auf dem Spielfeld registriert, ein Beschleunigungssensor misst Antritte und Stopps, ein Kreisel die Neigung und Drehungen des Körpers und ein Magnetometer die Richtung. Außerden beinhalten sie einen Mikroprozessor, der mehr als 1.000 Datenpunkte pro Sekunde misst, analysiert und in Echtzeit auf den Bildschirm des Trainers schickt.

Der eigentliche Mehrwert der Geräte kommt aber von den „ermüdungsrelevanten" Informationen. Die Instrumente ermitteln die Kraft, die hinter der Beschleunigung und Entschleunigung (z. B. bei Cuts) entsteht, die Krafteinwirkung von Absprung und Landung sowie andere Daten. Das Gerät zeigt zum Beispiel, wenn ein Spieler einen höheren Anpressdruck auf sein linkes Knie bekommt als auf sein rechtes – ein solcher Umstand könnte auf eine mögliche Knieverletzung hindeuten, die sich Bahn bricht.

Ebenso kann gezeigt werden, dass Spieler nicht die gleiche Kraft, Beschleunigung oder Höhe bei Antritten und Sprüngen entfalten können – all dies sind Anzeichen für Erschöpfung und erhöhen somit die Anfälligkeit für Muskelfaser- bzw. Bänderrisse sowie lästige Verletzungen der Faszien, die die gesamte Saison beeinträchtigen können. Fast alle NBA-Klubs nutzen bereits diese Gadgets während des Trainings. Es ist eine Frage der Zeit, bis die GPS-Geräte auch in Spielen eingesetzt werden, um Echtzeitdaten der Spieler zu bekommen.

Eine weitere Sporttechnologiefirma stellt spezielle *Brustgurte* her, die die Herz- und Atemfrequenz, Körpertemperatur usw. messen und die Daten in Echtzeit an Laptops, Tablets und Smartphones schicken. Die Firma entwickelt „Verletzungssticker", die auf den Körpern der Spieler aufgeklebt werden, um Kraft und Aufprallwirkung zu messen, die bei Körperkontakt entstehen. Die Liste der Anbieter ist lang. Der Markt boomt und hat Zukunft. Das Angebot ist riesig, die Nachfrage der NBA-Franchises ebenso.

Mit all den gesammelten Daten erhält der Betreuerstab eines Klubs ein umfassendes Bild über alle Bewegungsabläufe und Belastungen der Spieler und wie deren Körper darauf reagieren. Aufgabe ist es, die gelieferten Daten sodann auf jegliche Indikatoren für Verletzungen zu durchforsten.

SportVU-Kameras unter der Hallendecke runden die technologische Revolution ab. Diese sind in der NBA bereits seit 2013 in allen Arenen unter der Hallendecke montiert. Mit 25 Bildern pro Sekunde zeichnen die Kameras alle Bewegungen der Spieler auf: Laufgeschwindigkeit und Beschleunigung, Bewegungsintensität, Laufdistanz und Lokalisierung der Akteure auf dem Feld. Jede Mannschaft hat Zugriff auf dieselben Daten ihrer Spieler.

Die *Daten*, die die Klubs über jeden ihrer Spieler bekommen, werden von Tag zu Tag mehr. Viele Vereine arbeiten gleich mit mehreren Hightech-unternehmen zusammen, und jedes liefert ein anderes Datenpaket mit Unmengen an Informationen über die Spieler. Einige der Zahlen überschneiden sich dabei oder sind gar gänzlich überflüssig. Es entsteht ein Dschungel des Datenüberflusses, in dem Trainer, Spieler und Betreuer schnell den Überblick verlieren können oder gar nicht wissen, was sie damit anfangen sollen.

Aber im Land der unbegrenzten Möglichkeiten gibt es auch hierfür eine Lösung. Eine Firma (ein irisches Start-up-Unternehmen) hat diese Problematik erkannt. Deren Experten haben eine spezielle *Software* entwickelt, die alle Daten verschiedener Anbieter auf einer Plattform zusammenbringt.

Die Firma will den NBA-Klubs helfen, die Bedeutung der Daten zu erkennen und welchen Nutzen sie aus den Daten ziehen können, um die richtigen Entscheidungen zu treffen, insbesondere, was die Daten für die Leistungsfähigkeit und das Verletzungsrisiko für den einzelnen Athleten bedeuten. Die Firma filtert wichtige von unwichtigen Informationen heraus und gibt ein klares Bild über ein vermeintliches Verletzungsrisiko.

Verletzungsprophylaxe ist der heilige Gral der Sportwissenschaft und Analytikbewegung. Gesunde Spieler genießen längere Karrieren und verdienen mehr Geld. Alles, was dazu beiträgt, die Wahrscheinlichkeit einer schweren Verletzung zu verringern, hat einen offensichtlichen Nutzen.

★★★

ANHANG

1 WÖRTERBUCH

Airball: keine Ring- oder Brettberührung des Balls nach Wurf

Albert-Schweitzer-Turnier: inoffizielle Basketball-WM der männlichen Jugend U18

Alley-oop: Pass, der in der Luft gefangen und mit einem Dunk abgeschlossen wird

All-Star: von Fans oder Trainern gewählter Spieler, der beim All-Star-Spiel dabei sein darf, einer der besten und/oder beliebtesten Spieler der laufenden Saison, besondere Auszeichnung

Baby Hook: kleiner Hakenwurf

Backspin: Rückwärtsdrall, den der Ball beim Wurf bekommt

Ballhandling: Umgang/Skills mit Ball, u. a. Dribbeln

BBL: Basketball-Bundesliga, höchste Liga in Deutschland

Bigmen: große Spieler

Box out: Ausblocken beim Rebound, auch Ausboxen genannt

Center: Position 5, der größte Spieler im Team, agiert vornehmlich unter dem Korb

Charging: Rempeln, Angreiferfoul

Close-out: Verteidigungsaktion eines Distanzwurfs

Crew Chief: hauptverantwortlicher Schiedsrichter

Crossover: Dribbeltäuschung mit Handwechsel vor dem Körper

Cut: schnelle Schneidebewegung ohne Ball zum Korb

DBB: Deutscher Basketball Bund, Spitzenverband/Dachorganisation in Deutschland

DBBL: Damen-Basketball-Bundesliga

Deny: Verteidigung zwischen Ball und Gegenspieler, Arm im Passweg

Dig: Finte des Verteidigers zum Ball

Dirty Talk: Beleidigungen in vulgärer Sprache, auch Trash Talk genannt

Draft: Verpflichtungen neuer, junger Spieler durch NBA-Klubs, Klubs erwerben Rechte am Spieler

Drive: Zug zum Korb

Dunk: von oben in den Korb „gestopfter" Ball, auch Slam Dunk oder Dunking genannt

Fadeaway: Sprungwurf im Rückwärtsfallen

Fake: vorgetäuschtes Foul, Täuschung im Angriff oder der Verteidigung

Fast Break: Schnellangriff, auch Transition genannt

FIBA: (franz.) Fédération Internationale de Basketball, Basketball-Weltverband

First Step: der erste Schritt vor dem Dribbling

Floater: besonderer Wurf in Korbnähe, Mischung aus Sprungwurf und Korbleger, auch Runner genannt

Follow through: Abklappen des Handgelenks beim Wurf

Foul: regelwidriger Kontakt mit einem Spieler oder Fehlverhalten

Fundamentals: Grundlagen des Basketballs, u. a. Werfen, Passen, Dribbeln

Game Plan: Spielstrategie

G-League: Nachwuchsliga der NBA, Minor League, Farmteams der NBA-Klubs, ehemals D-League

Glue Guy: Spieler, der das Team in schwierigen Situationen zusammenhält, sorgt für positive Stimmung

Goaltending: regelwidrige Abwehr des Balls, nachdem dieser den höchsten Punkt der Flugkurve überschritten hat

Goat: Greatest of All Times, bester Spieler aller Zeiten, übersetzt: Ziege

Hedge: Heraustreten eines Verteidigers in den Laufweg des Dribblers nach einem Pick & Roll

Helpside: Verteidigung auf der ballentfernten Seite, Absinken des Verteidigers, Bereitschaft für Hilfe

Huddle: Spielerkreis mit Schlachtruf

Instant Replay: Videobeweis

JBBL: Jugend-Basketball-Bundesliga, U16

Kick: Pass beim Zug zum Korb

Lay-up: Korbleger

Lob: Pass im hohen Bogen über einen Verteidiger hinweg

Lockout: Streik, Auseinandersetzung zwischen Spielergewerkschaft und Teambesitzer, Verkürzung oder Absage der Saison, Lockout wird von Liga verhängt

Match-up: direkter Gegenspieler

Minibasketball: Basketball für 8-12-Jährige

Mismatch: ungleicher Gegenspieler, z. B. groß gegen klein

Move: Spielerbewegung mit einem bestimmten Ziel

MVP: Most Valuable Player, wertvollster Spieler der Saison oder der Finals

NBA: National Basketball Association, US-Profiliga, stärkste Liga der Welt

NBBL: Nachwuchs-Basketball-Bundesliga, U19

NCAA: National Collegiate Athletic Association, Hochschulsportverband in den USA

NIT: National Invitation Tournament, wichtigstes US-College-Einladungsturnier

Offensive Automatics: festgelegte Laufwege der Angreifer, die automatisch umgesetzt werden

Off-Season: spielfreie Zeit, Saisonpause

Penetration: Zug zum Korb

Pick & Roll: Blocken und Abrollen

Play: Spielsystem

Playoffs: Meisterschaftsrunde nach der regulären Spielzeit

Play-downs: Absteigerrunde, die schlechtesten Teams der Saison spielen den Absteiger aus

Point Guard: Spielmacher, Aufbauspieler, Position 1, häufig der kleinste Spieler mit dem besten Ballhandling

Post Play: Angreifen in Korbnähe mit dem Rücken zum Verteidiger, auch Aufposten genannt

Power Forward: großer Flügel, Position 4

Power Shot: kleiner Hakenwurf unter dem Korb mit beidbeinigem Absprung

ProA: zweite Liga

ProB: dritte Liga (gehört zur AG 2. Bundesliga der Herren)

Presse: Pressverteidigung, enge Verteidigung mit großem Druck, Doppeln des ballführenden Spielers

Pumpfake: Wurftäuschung unter dem Korb

Putback: einen vom Korb abprallenden Ball (Rebound) direkt im Korb (mit Dunk) verwandeln

Rebound: vom Ring oder Brett abprallender Ball

Salary Cap: Gehaltsobergrenze der Spieler eines NBA-Klubs

Scouting Report: Analyse der gegnerischen Mannschaft

Screen: Block im Angriff, erlaubtes Sperren

Set Play: Halbfeldangriff mit Spielsystem

Seven Footer: Spieler über 2,10 m

Shootaround: Wurftraining

Shooting Guard: Position 2, häufig der beste Schütze im Team

Shot Clock: Wurfuhr, 24-Sekunden-Uhr

Slides: Verteidigungsgleitschritte

Small Ball: Aufstellung mit kleinen Spielern

Small Forward: kleiner Flügel, Position 3, Allrounder

Snap: einhändiger Pass aus dem Dribbling mit einer kurzen Drehung aus dem Handgelenk

Sneakers: Basketballschuhe

Spacing: Platz machen, Freiraum schaffen im Angriff

Spinmove: Dribbling mit einer Drehung um die eigene Achse

Sprungball: Schiedsrichter wirft Ball zwischen zwei Spielern nach oben

Staff: Betreuerstab einer Mannschaft

Starting Five: Spieler, die das Spiel beginnen, Anfangsformation

Steal: „gestohlener" Ball durch einen Verteidiger

Stemmschritt: vorletzter Schritt vor dem Absprung

Sternschritt: Drehen um den Standfuß herum

Streaky Shooter: Spieler, der mehrere Würfe hintereinander trifft, wenn er „heiß läuft"

Stretch Four: Power Forward (Position 4), der in der Grundaufstellung an der Dreierlinie steht, guter großer Werfer

Switch: Wechsel in der Verteidigung, Übernahme eines anderen Gegenspielers

Tip-in: in den Korb getippter Ball

Trading Cards: Sammel- und Tauschkarten von NBA-Spielern

Transition: schnelles Umschalten zwischen Angriff und Verteidigung

Transition Defense: Verteidigung eines Schnellangriffs

Tweener: Mischung zweier Spielerpositionen

Weakside: ballentfernte Seite

WNBL: weibliche Nachwuchs-Basketball-Bundesliga, U17

Zone: rechteckiger Bereich unter dem Korb (in der NBA auch „Paint" genannt)

Zonenverteidigung: Mannschaftsverteidigungstaktik, bei der Räume statt direkte Gegenspieler gedeckt werden

Zylinderprinzip: legale Verteidigungsposition innerhalb eines imaginären Zylinders um einen Spieler herum

2 LITERATURVERZEICHNIS UND QUELLEN

Basketball Bundesliga GmbH (Hrsg.). (2015). *50 Jahre Basketball Bundesliga.* Göttingen: Die Werkstatt.

Bauermann, D. (2015). *Basketballtraining.* Aachen: Meyer & Meyer.

Bösing, L., Bauer, C., Remmert, H. & Lau, A. (2019). *Handbuch Basketball.* Aachen: Meyer & Meyer.

Carlson, M. & Plassmann, J. (1994). *NBA Basketball. Stars & Stories.* Hamburg: Rowohlt.

Finis, S. (2009). *Albas Edelhelfer – Tommy Thorwarth.* FORWARD, (Februar 2009), 58-60.

Finis, S. (2009). *Die Qual der Wahl. Jeff Gibbs.* FORWARD, (März 2009), 6-13.

Finis, S. (2009). *Im Schatten des Windes. Rickey Paulding.* FORWARD, (November/Dezember 2009), 6-13.

Finis, S. (2012). *„Jedes Team braucht Rennpferde und Schweine" – Interview mit Gordon Herbert.* FIVE, #86 (März 2012), 94-99.

Finis, S. (2012). *„Wenn du kein Soldat bist, gehörst du nicht zum System" – Interview mit Sasa Obradovic".* FIVE, #90 (Juli/August 2012), 90-94.

Finis, S. (2014). *„Der Kraftraum ist nicht Teil der Basketball-Kultur" – Interview mit Shawn Windle.* FIVE, #107 (April 2014), 66-71.

Finis, S. (2016). *Schöne neue Welt? – Verletzungsprophylaxe in der NBA.* FIVE, #125 (Februar 2016), 62-65.

Finis, S. (2016). *BBL-Vision 2020. Was fehlt der BBL noch bis zur Spitze Europas?.* FIVE, #130 (Juli/August 2016), 92-95.

Finis, S. (2016). *„Jena ist mein letzter Stopp!". Julius Jenkins & Immanuel McElroy.* FIVE, #133 (Dezember 2016), 94-99.

Finis, S. (2017). *„Der klassische Vereinssport hat keine Zukunft" – Interview mit Henning Harnisch.* FIVE, #134 (Januar 2017), 94-99.

Finis, S. (2017). *Im Schatten des Windes – Assistenztrainer in der BBL.* FIVE, #135 (Februar 2017), 94-99.

Finis, S. (2017). *Dein Weg zum Basketballprofi. Ein Ratgeber für junge Talente, Eltern und Trainer.* Aachen: Meyer & Meyer.

Finis, S. (2018). *Erfolgsfaktor Individualtrainer.* FIVE, #147, 94-95.

Lück, A. & Mölter, J. (2014). *Basketball Legenden.* Stuttgart: pietsch.

Lukas, Dr. C. (2010). *Medizinische Betreuung in der BBL.* FORWARD, (Dezember 2010), 60-61.

Neumann, H. (2017). *Richtig Basketball.* München: blv.

Pletzinger, T. (2019). *The Great Nowitzki.* Köln: KiWi.

Ribbat, C. (2013) *Basketball – eine Kulturgeschichte.* München. Wilhelm Fink.

Internet:

basketball-bund.de
basketballforcoaches.com
basketball-reference.com
basketdocs.de
easycredit-bbl.de
eurocupbasketball.com
euroleague.net
fiba.basketball
forbes.com
nba.com

3 PERSONENREGISTER

4 DANKSAGUNG

An erster Stelle gilt mein besonderer Dank Manuela Lange für ihre dauerhafte Unterstützung sowie ihre wertvollen Impulse und Anmerkungen bei diesem Buchprojekt. Weiterhin danke ich Dr. Christoph Lukas, dem ersten Vorsitzenden der Basket Docs, Deutsche Basketballärzte e. V., für das Gespräch über die medizinische Betreuung in der Bundesliga. Außerdem danke ich der Basketball-Koryphäe André Voigt für den interessanten Dialog über die Zukunft des Basketballs. Zuletzt möchte ich dem Meyer & Meyer Verlag in Person von Programmmanager Robert Meyer für dessen Vertrauen in meine Expertise danken.

5 BILD- UND GRAFIKNACHWEIS

Schiedsrichtergrafiken: © FIBA

Grafiken vom Spielfeld, Anschreibebogen, Zylinderprinzip: © FIBA

Taktikgrafiken: aus „Basketballtraining" (Bauermann 2015, Meyer & Meyer)

Porträts Autor : © Manuela Lange

Covermotiv: © Dpa Picture Alliance

Satz: zerosoft

Lektorat: Dr. Irmgard Jaeger

6 ÜBER DEN AUTOR

Obwohl Sebastian Finis hauptberuflich als Fitnessexperte anderen Menschen dabei hilft, ein leistungsfähigeres und gesünderes Leben zu führen, zieht sich der Basketball wie ein roter Faden durch sein gesamtes Leben. Finis versteht das Spiel, weil er es aus verschiedenen Perspektiven erlebt hat: als Spieler, Trainer, Schiedsrichter, Journalist, Buchautor und Fan. Finis war bei zahlreichen NBA-Spielen, Welt- und Europameisterschaften, EuroLeague-Final-Fours und entscheidenden Finalspielen dabei. Er sprach mit Stars aus der NBA und Europa. Der Berliner erlebte die (Miss-)Erfolge von Alba Berlin vor der eigenen Haustür, sah Michael Jordan live in seinem letzten Jahr mit den Chicago Bulls und verfolgte über zwei Dekaden jeden Schritt von Dirk Nowitzkis Karriere in der NBA und Nationalmannschaft. Heute erfreut sich Finis weiter an Stephen Curry und seinen Gefährten bei den Golden State Warriors sowie an hochklassigem Basketball in der EuroLeague und Bundesliga. 30 Jahre pure Basketballbegeisterung!

MEYER & MEYER Verlag
Von-Coels-Str. 390
52080 Aachen

Telefon	02 41 - 9 58 10 - 25
Fax	02 41 - 9 58 10 - 10
E-Mail	vertrieb@m-m-sports.com
Website	www.dersportverlag.de